ISBN: 978-91-7969-313-8
© Henny Tillberg, Åhus 2022
Förlag: BoD – Books on Demand, Stockholm, Sverige
Tryck: BoD – Books on Demand, Norderstedt, Tyskland

"Det anstår mig icke
att göra mig mindre
än jag är."

Edith Södergran

Jag är född och uppvuxen i Åhus, strax utanför Kristianstad.

I hela mitt liv har jag inspirerats av människor. Men ganska tidigt slog det mig att många av våra stora världsgiganter inte längre vandrar på denna jord. När jag var omkring tio år så blev jag fullständigt förälskad i Elvis Presley. Jag tittade om och om igen på sekvenser ur filmen "Jailhouse Rock" och älskade både låten och den snygga killen som dansade längst fram och vickade på höfterna. Men när mina föräldrar åter och återigen berättade att han inte levde längre, (ja Gud vad jag ville träffa honom) - så kunde jag inte förstå, det är ju jätteorättvist.

Jag var en fena på att läsa när jag var yngre, jag läste svåra böcker och fastnade om och om igen i den fantasin som böckerna tog mig in i. Jag läste Astrid Lindgren, Katarina Von Bredow (jag var egentligen alldeles för ung för att läsa hennes böcker, men jag var mogen för det, tyckte jag själv). Jag läste många, många fler författares verk, som inspirerade och roade mig. Men självaste Astrid Lindgren vandrade inte heller på denna jord längre. Varför var livet så orättvist?

Musik har präglat hela mitt liv. Jag har alltid växt upp med orden att "musiken var bättre förr." Det spelades äldre plattor av Rolling Stones, Bruce Springsteen, The Beatles, Elvis Presley, Michael Jackson, Aretha Franklin med flera där hemma. Jag kunde alla Elvis-låtarna utantill. Jag hamnade i en period under min barndom där jag skulle vara svår, då gällde bara The Beatles (de är fortfarande mina favoriter och Abbey Road-omslaget pryder min arm i form av en minimalistisk tatuering). Jag kunde dock trösta mig med att Paul McCartney och Ringo Starr fortfarande andades - en lättnad.

Jag älskade även Janis Joplin, men hör och häpna, hon vandrade inte heller på vår jord längre.

Livet kändes orättvist...

Senare fick jag upp ögonen för Amy Winehouse men 2011 gick hon tragiskt bort. Varför kunde jag inte fastna för någon som inte bara funnits i det förflutna, utan som finns här och nu?

Nåväl, senare under min tid som tonåring öppnade jag upp ögonen för levande aktiva inspiratörer, främst musiker. Peter LeMarc, Anderson East, Coldplay, Niki & The Dove, Lady Gaga, Justin Bieber (de som säger att de inte lyssnat och gillat honom som tonåring ljuger) Beyonce, Gyllene Tider, Carola … Ja listan kan bli enormt lång. Men sen hände något. Jag började intressera mig för kvinnohistoria och politik. Har jag alltid varit politiskt intresserad? Nja, jag vet inte. Men någonstans har jag alltid blivit vansinnig på orättvisa. 2013 åkte jag med släkten till Egypten. Vi var på marknad och en man erbjöd ett antal kameler när han ville köpa mig. (Ja, han förstod nog att det inte var aktuellt, han ville väl bara visa hur rik och mäktig han var). Jag blev vansinnig. Han sa att han hade fyra fruar och en massa barn, och jag hade nu chansen att leva loppan med honom och hans fruar. Jag svarade honom ironiskt att jag inte hade tid: Jag hade själv fyra män hemma som uppvaktade mig, så han fick minsann ställa sig i kö. Samtalet avslutades rätt snabbt och han svor åt mig på ett språk jag inte kunde förstå, men arg var han, det såg vem som helst.

Något började brinna i mig. Ett intresse som väcktes till liv. Senare resulterade det i att jag började engagera mig politiskt och är fast i den världen än idag, ungefär sex år senare. Tro mig, det är svårt att ta sig ur, det blir en drog. Ett kall liksom.

Jag fick ett större nätverk, med folk över hela Sverige. Och jag började lära känna livs levande människor som inspirerade mig upp till öronen.

Det är lätt att fastna i det förflutna. Men när jag vågade titta runt omkring mig upptäckte jag starka kvinnor med väldigt intressanta historier, med egna kall i livet och med starka motton. Då var visst inte livet riktigt lika orättvist längre.

Många av dessa kvinnor bodde eller var födda nära mig, alltså i Skåne. I denna bok har jag samlat några, men ack så viktiga, kvinnor som på något vis har anknytning till fantastiska Skåne. Deras berättelser inspirerar mig. Jag tror även att de kommer att inspirera dig.

Trevlig läsning.

Henny Tillberg.

Monica är född utanför Örebro men flyttade till Kristianstad när hon påbörjade sin utbildning som polis. Det blev ett framgångsrikt yrkesval som resulterat i att Monica bland annat varit en central roll i utredningarna kring de omtalade fallen som rörde "Nattvandrar-Bengt" i Kristianstad och Heléne-mordet i Hörby.

Monica Olhed Hansson

"Monica, jag har hittat Carina"

Monica Olhed Hansson

Utanför Örebro finns en liten by som heter Fellingsbro, där föddes jag och bodde i ett antal år. Idag skulle jag nog egentligen säga att det är en riktig liten håla, *berättar Monica och skrattar till.*

Lite senare i min barndom flyttade jag, tillsammans med min familj, in till Örebro och där bodde jag kvar i rätt så många år. Jag började jobba som civilanställd på polisen i Lindesberg, som ligger drygt fyra mil utanför Örebro. Det behövdes ingen speciell utbildning för att jobba där just då. Jag jobbade bland annat i receptionen och på kansliet - ja, faktiskt lite överallt.

När jag var ung hade jag tankar på att bli lärare, det blev ju verkligen inte så men jag har aldrig ångrat mitt yrkesval som polis, inte ens under de svåraste stunderna. Det var när jag jobbade på polisen i Lindesberg som idén föddes att jag skulle bli polis istället för lärare. I flera år så pratade jag om att en dag bli polis och till slut så tyckte min familj att det var rätt så mycket snack - men desto mindre verkstad från

min sida. Till slut sa min svåger till mig: "Vad väntar du på, Monica?"

Jag har lärt mig att det inte finns något som är "det rätta tillfället" - det är bara att köra! Att våga!

Så det gjorde jag och det resulterade i att jag kom in på polisutbildningen vilket gjorde mig oerhört glad, men också stolt.

1975 började jag på Polishögskolan. Utbildningen varade tre år, varav två av åren innehöll praktik. I början av den första terminen så fick jag önska var jag skulle ha min tjänst någonstans, jag hade då av naturliga skäl Örebro som förstahandsval, men Kristianstads län var faktiskt mitt andrahandsval! Mina föräldrar planerade att flytta till Kristianstad och när det sedan visade sig att jag fick mitt andrahandsval - Kristianstad - så föll allt liksom på plats.

Min praktik hamnade alltså i Kristianstad, staden som jag kände igen som en residensstad. Det passade kanon tänkte jag. Min praktik bestod av ett år i yttre tjänst och ett år på kriminalavdelningen. Jag minns speciellt tiden på kriminalav-

9

delningen. Jag var en nyutbildad, ung och kvinnlig polis som hade energi och nytänkande med mig i ryggsäcken. Det jag blev bemött av då var alltid "nej, så gör vi faktiskt inte här, det har vi aldrig gjort - så strunta i det" Det var så förvånande för mig men jag valde att inte ifrågasätta mer just då. Jag fick ta det lite som det var där och då. Senare i min karriär så vågade jag stå upp mer för vad jag trodde på och så är det väl - med erfarenhet och ålder så vågar man mer.

Hur var det att jobba i Kristianstad som nedflyttad Örebroare? Var det en utmaning i sig?

Jag blev faktiskt väldigt bra bemött. Det var ingen som öppet berättade att de hade något problem med att jag kom från Örebro och hamnat i Skåne. Däremot hade jag så svårt med dialekterna. *Monica skrattar.*

Idag kan jag inte förstå hur jag kunde känna så - men jag tyckte skånskan var så svår att förstå. Jag tyckte först och främst att all skånska lät likadan, det tycker jag verkligen inte idag. När jag jobbade hos polisen i Lindesberg så var där en polismästare som var från Blekinge, då tänkte jag "Herregud, hur ska jag orka lyssna på detta hela dagarna?" Jag tyckte blekingska, skånska och danska lät exakt likadant i mina öron. Idag känner jag som sagt inte alls så, jag hoppas att jag blir ursäktad, *säger Monica och skrattar till igen.*

Känner du att det är skillnad på dagens polisutbildning jämfört med när du läste till polis?

När jag gick på polishögskolan så fick vi studenter lön samtidigt som vi studerade, så är det inte idag och det kan jag tycka är lite synd. Det var väldigt bra faktiskt. Men något som skiljer sig starkt då jämfört med idag var att det var oerhört ovanligt att kvinnor läste till polis.

Av kanske 100 stycken så var vi nog max 20 kvinnor, idag ser det helt annorlunda ut. Nu finns det nästan lika många kvinnor som män inom poliskåren.

Både jag och Monica är överens om att det är en bra och viktig utveckling.

Monica fortsätter: jag kan inte direkt känna att det varit någon könsbaserad skillnad på mig och mina manliga kollegor. Däremot har jag under mitt yrkesliv känt att om jag ska bli uppskattad och lyssnad på - så måste jag prestera mer än vad mina manliga kollegor presterar. Det är väl egentligen på sätt och vis en press man sätter på sig själv som kvinna - att hela tiden prestera mer än sina manliga kollegor för att bli uppskattad.

Jag kan inte låta bli att undra hur polisuniformen såg ut på 70-80-talet. Var den anpassad till kvinnor?

På den tiden var inte alla plagg speciellt

framtagna för kvinnor. Däremot hade vi kvinnor lite extra tillbehör, bland annat en byxkjol.

Vi kommer in på bristen av poliser i Sverige, ett omdiskuterat ämne konstaterar både jag och Monica.

I slutändan handlar allt om pengar faktiskt. Serien "Jakten på en mördare" - är baserad på Tobias Barkmans bok och avspeglar vårt polisarbete här i Kristianstad under en period - den serien berör hur polisorganisationen var i en förändring just då. Idag ser polisens arbete helt annorlunda ut jämfört med tidigare, med tanke på all ny teknik som används.

Sen kom ju också all administration. Pengar har det i princip alltid varit dåligt med inom polisen, så fler och fler civilanställda kom att permitteras. Det är svårt att utöva samma sorts polisverksamhet med mindre personal. Polislönen är ju inte heller lysande, den är verkligen inget att hänga i julgranen. Andra tjänster och yrken lockar såklart mer då. Jag tror att färre väljer att bli poliser, mycket på grund av lönen.

När jag flyttade till Kristianstad hade jag separerat från min man och vi har två gemensamma barn ihop. Efter några år i Kristianstad så träffade jag en annan man som jag fick två barn ihop med. Jag hade alltså redan två barn när jag började studera till polis.

Jag börjar fundera på hur hon fick ihop studierna och det krävande arbetet som polis, samtidigt som hon har yngre barn där hemma?

Ja du, *svarar Monica.* Till saken hör ju att mina föräldrar hade flyttat till Kristianstad när jag började min praktik här. Det var ju som sagt en av anledningarna till att jag valde Kristianstads Län som mitt andra alternativ, när vi fick välja var vi skulle vara stationerade. Det gjorde att jag fick värdefull hjälp med barnen och hemmet när jag jobbade mycket, vilket var viktigt för mig. Jag ville ju jobba men samtidigt ville jag skapa en familj. Att varken offra det ena eller det andra kan vara en utmaning ibland.

Men ser Monica ens några utmaningar i livet, det känns som att hon nästan klarar av allt som hon stöter på?

Inom mitt yrke jobbar man framförallt med utredningar. Då är målet att dels hantera allvaret - se vad som har hänt och främst att lösa fallet. Det i sig kan vara en riktigt tuff utmaning - men den största utmaningen är att hantera människorna som har begått brotten.

Jag jobbade under några år med sexualbrott mot barn, det är ju självklart att det är lätt att ta med sig jobbet hem när man själv har barn!

Ibland kunde det hända att jag låg vaken på natten och våndades över tanken

11

om att något liknande hade kunnat hända dem. Men jag känner att jag har varit ganska bra på att avskärma mig från det. Det funkar ju inte annars, man måste kunna släppa det för att utföra sitt jobb.

Jag kan inte komma in i ett förhörsrum och vara förbannad eller ledsen över det brott som förövaren i rummet har begått. Då går jag ur min yrkesroll. När någon har begått ett så hemskt brott som exempelvis sexualbrott mot barn, våldtäkt, mord eller något annat och som är villig att prata - då måste jag gå in i en sorts roll och lyssna på den personen. Eftersom målet i slutändan är att få fram sanningen.

Jag minns när jag började jobba. Jag jobbade då i yttre tjänst. Jag och min kollega sökte ett projekt som då skulle starta i Kristianstad. När projekttiden var över stannade jag kvar på kriminalavdelningen och riktade mig då speciellt till brott mot barn. Då säger min kollega till mig "Jag förstår inte hur du kan jobba med det här. Jag skulle varit störtförbannad på dessa förövarna".

Jag kan förstå kollegans resonemang.

Men det var jag inte. Jag kunde inte vara det! Skulle jag varit det, då hade ingenting fungerat. Målet var ju att den här personen skulle berätta för mig vad han eller hon hade gjort. Då kan jag inte vara rasande och börja skrika och gorma.

Vilken tur att människor som Monica finns.

Det är väl klart att man iklär sig en roll vid ett förhör av en gärningsman. Jag har en roll som mormor nu till exempel, men också en som polis. Vad vi människor än gör så iklär vi oss olika roller. Men när jag går in i ett förhör, då tänker inte jag på att jag måste spela en viss roll. Då tänker jag på vad det är för person som jag har framför mig, vad det är som har hänt och vad vill jag få fram.

Jag har hållit i många förhörsutbildningar och jag brukar säga så här; När du tittar på en film som du är tvungen att se men inte egentligen vill se, då zoomar man ut och sysslar med annat. Man lägger inte så mycket fokus på handlingen.

Om man istället ser en film som man är jätteintresserad av, som man kanske gråter eller skrattar åt, då kan du redogöra för den filmen i detalj om någon skulle fråga dig om handlingen. Det kan du inte på samma sätt göra om någon frågar dig om handlingen till filmen som du inte var intresserad av.

Detsamma gäller när man ska ta sig an ett fall eller förhöra en person. Om jag verkligen är intresserad av personen jag skall förhöra så kan jag ställa mycket bättre frågor och få fram mer detaljer.

Men om jag kommer in med inställningen att - jag inte vet så mycket eller kanske inte är så intresserad - då blir det inte så bra.

Jag frågar Monica om det finns något fall som har betytt mycket för henne, eller som påverkat henne mest?

Jag har svårt att rangordna fallen i den kategorin. Det är många som frågar om inte "Helén-utredningen" är det fall som har hamnat högst upp på den listan. Det är klart att den har påverkat mig väldigt mycket. Det var en gammal utredning, det rörde sig om en liten flicka och händelsen blev väldigt medial.

För dig som inte vet vad Helén-utredningen är, så handlar det om en 10-årig flicka som hette Helén och som mördades i Hörby för över 30 år sedan. Det var alltså Monica som fick det avgörande tipset om vem mördaren kunde vara – mordet som nu hamnat i fokus efter SVT:s serie "Jakten på en mördare" där Monica har en central huvudroll och spelas av Lotten Roos.

Men det finns också många andra fall som har berört mig - på helt olika sätt. Framförallt fallet om "Nattvandrar-Bengt" eller "Snälle-Bengt". Det var jag som höll alla förhören - sen är vi ju ett helt team som samarbetar såklart. Men just hur det var att hantera någon som honom, med den personligheten som han hade - det var annorlunda.

Dubbelmördaren Bengt "Snälle-Bengt" Karlsson satte skräck i hela Skåne i allmänhet och Kristianstadtrakten i synnerhet under 90-talet. Bland annat mördade Bengt Karlsson två kvinnor och hade i sin ungdom begått flera sexualbrott. Bengt nattvandrade i Kristianstad och kallades i trakten för "Snälle Bengt". Bakom den vänliga fasaden hade han en sjuklig begäran att utöva makt genom grovt våld mot kvinnor.

En kvinna som hette Marie hade hittats mördad ute på Näsby, norr om Kristianstads innerstad. Detta kom att bli väldigt uppmärksammat och mordet satte skräck i hela bygden. Ett år efter att Marie hade hittats mördad - anmäldes en annan kvinna, Carina, försvunnen.

Carina hade besökt sin pojkvän i Osby den helgen som hon försvann. Hon kom hem på söndagskvällen och skulle som vanligt åka till sitt jobb på måndagen. Carina bodde vid det här tillfälle i en stuga på en gård, strax norr om Kristianstad.

På samma gård, fast i en annan stuga, bodde Bengt Karlsson. Dessa bägge stugorna stod inte många meter ifrån varandra. Från denna gården fanns det en huvudväg där man kunde köra söderut - till Kristianstad. Men det fanns också en annan mindre väg från gården där man istället kommer ut på vägen som går mellan Arkelstorp och Kristianstad.

Där fanns ingen gatubelysning och gården var väldigt avlägset placerat. På kvällen den söndagen som hon försvann, hade

Carina pratat med sin pojkvän i telefon. Hon sa då att hon mådde lite illa och inte visste om hon klarade av att åka till jobbet dagen efter. Jag har för mig att detta var den 18 december så vintermörkret hade brett ut sig ordentligt som det gör under den årstiden. Detta gjorde att Bengt, med sitt fruktansvärda uppsåt i princip kunde agera ostört.

Dagen efter dök inte Carina upp på jobbet så hennes kollegor började ringa efter henne men fick inget svar. De når till slut hennes pojkvän, som bestämmer sig för att åka till stugan. Han börjar med att titta in genom alla fönster eftersom dörrarna var låsta. När pojkvännen tittar in genom sovrumsfönstret ser han att sängen är sönder på mitten, den har brakat ihop på något sätt. Han väljer då att ringa till polisen eftersom han direkt kände att något inte stod rätt till.

Alla hennes grejer var kvar och hennes bil stod kvar på uppfarten, så vi misstänkte direkt att det rörde sig om ett brott. Vi började leta efter Carina, men fann henne inte trots flera avancerade sökinsatser. Vi började med att söka i området där hon bodde och knackade även dörr. En av mina kollegor knackade då på Bengt Karlssons dörr och när kollegan kom tillbaka efter deras samtal, så sa han direkt:

"Det är något märkligt med den där Bengt, men jag kan inte sätta fingret på vad det är"…

Bengt hade i alla fall sagt till min kollega att han inte hade sett Carina. Vi visste ju ingenting om honom då vid det laget. Vi gick bland annat skallgång på Näsbyfält efter henne. Vid samma tidpunkt började även teknikerna att undersöka huset och gårdsområdet där huset låg.

Dagen innan nyårsafton ringer en man från gården till oss, han berättar att Bengt skulle skrota sin bil och hade bett grannen att följa med och hämta honom på skrotfirman. Grannen berättar också att Bengt nyss har bytt batteri i den bilen så han förstod inte varför han skulle skrota den. Jag kände direkt att det var märkligt, så jag och mina kollegor bestämde oss för att köra ut till skroten. Precis när vi rullar in genom grindarna så ser jag hur Bengts bil håller på att skrotas! Det är verkligen på håret att vi hinner stoppa alla maskiner och vi lyckades ta Bengts bil i beslag. Det var avgörande för hela utredningen.

Vi bestämmer oss då för att ta in Bengt till förhör och det blev jag som förhörde honom. Förhöret pågick i sex timmar.

Det hör också till saken att ett vittne hört av sig till oss, några dagar tidigare och berättat att han mött Bengt Karlsson gående i riktning mot Carinas hus. När vittnet var på väg hem samma dag, möter han återigen Bengt, men denna gång har han vänt riktning och går mot andra hållet. Detta gör mannen misstänksam och det var därför han ringde oss. Kombinationen av tips gjorde att vi nu riktade våra misstankar mot Bengt.

14

Han förnekade allt i förhöret och nekade även till att han ska ha gått på den grusväg som vittnet berättar om. Dessutom berättar så småningom Bengt själv att han förstår varför polisen förhör honom. Han menade på att det har att göra med att han 1977, när han var 16 år gammal, hade fått flera anmälningar mot sig om sexualbrott mot kvinnor.

Jag vet inte varför han berättade det. Jag tror inte det handlade om att han på något vis ville lätta på hjärtat utan jag tror det mer i så fall handlade om att han ville vägleda bort vår misstanke mot honom. Vi hittade först inte dessa äldre brott som

han hade begått, när vi kollade upp honom. Men det var ju ganska längesedan och äldre brott ligger inte registrerade på samma vis, så de kräver lite mer efterforskning. Men till slut hittade vi det och såg att det stämde, han hade begått elva stycken sexualbrott på ett år.

Försvinnandet av Carina och mordet på Marie blev väldigt uppmärksammat i Kristianstad och vetskapen om det hela spred sig även över hela Sverige. Bengt var ju nattvandrare i Kristianstad och lite av en lokalkändis. Han blev i samband med händelserna intervjuad av någon kvällstidning om försvinnandet på Carina och mordet på Marie. Han säger då i intervjun hur obehagligt och fruktansvärt det är att de hade blivit utsatta för detta och beklagade sig över händelserna. Dock, i en fotnot längst ner i artikeln, står det att Bengt Karlsson år 1977 begått elva sexualbrott mot kvinnor. Hela artikeln fick sig en vändning, och detta berättar även Bengt vid ett förhör senare att det tyckte han var fruktansvärt orättvist framställt.

En kollega till mig hade skickat tekniker hem till Bengt Karlsson för att undersöka hans stuga. Vad de fann då var bland annat en baddräkt, en body och någon slags bikiniunderdel som hade lagts i en soppåse. Detta reagerade vi på då vi visste att Bengt levt ensam länge och inte haft någon partner. Bengt förklarade det hela med att han gillade att klä sig i dessa sorters kläder. Han sa att han hade snott dessa från en tvättstuga på Näsby, som han hade nycklar till då han var nattvandrare. Men när han hade berättat det slog det mig att det inte kunde stämma att han brukade ha dessa kläderna på sig. Han hade aldrig fått dem på sig, han var ju 1.98 lång och kläderna var i storlek 36!

Jag fick en ingivelse och vid ett tillfälle efter att dessa kläderna hade hittats, gick jag in i Carinas bostad och började bläddra i hennes gamla fotoalbum. Då hittade jag till slut en bild på Carina, iklädd samma baddräkt som hittades hemma hos Bengt.

Teknikerna var vid detta laget julllediga

och de hade inte hunnit genomsöka bilen. Vi ville inte förstöra några eventuella bevis. Vad vi då gjorde var att titta igenom alla fönster på Bengts bil och såg röda tuggummipapper. Varför är det då intressant? Jo, dessa tuggummipapper var av märker "Big Red". Samma tuggummi hade hittats i Carinas bostad, och dessa fanns inte att köpa i Sverige. Det var Carinas pojkvän som hade köpt dessa och tagit med hem till Sverige, från USA. Vi förstod då att på något vis hade Bengt fått detta från Carinas bostad och sen hade de hamnat i Bengts bil. Om vi hade häktat Bengt vid detta tillfället då hade han kunnat säga att han gjort inbrott hos Carina och fick med sig tuggummit och kläderna. Då hade vi behövt släppa honom igen. Som tur är gjorde vi rätt val – att vänta lite.

Medan vi väntade på svar från undersökningen av bilen jobbade vi frenetiskt med att skaffa fram mer information. Till slut pekade det på att Bengt Karlsson var gärningsmannen. Vi tog till slut in honom vilket jag tror skedde den 21 eller 22 januari. Dagen innan vi tog in honom så sa min kollega Claes till mig. "Jag tror att Carina ligger på Näsby fält".

Det hör till saken att vi redan hade gått skallgång där i tidigt skede, men då var det snö ute, vilket försvårar arbetet. Nu är det bebyggt där, men på Näsby fält fanns det då en genväg och där körde Bengt ofta. Det visste vi för vi hade haft lite spaning på honom. Där fanns alltså små grusvägar in från vägen. Min kollega Claes körde in och ut på varje instickare, alltså varje liten väg efter väg som spred sig från den större vägen. När jag en dag sitter och äter lunch med en annan kollega, då ringer Claes mig och säger:

"Monica, jag har hittat Carina".

Vad han hade hittat var en hög av något en bit längre in i skogen. Över högen låg något vitt - en pläd eller liknande. Han berättade att han direkt kände att "där ligger någon". Mycket riktigt så var det Carinas kropp som låg där. Det där vita, som låg överst hade smält ihop med snön. När vi tog in Bengt dagen efter, som vi redan planerat sedan tidigare, blev det istället ett mord vi utredde.

Bengt erkände inte mordet. Det tog lång tid och många timmar tills vi fick fram ett erkännande. Bengt vägrade prata om Carina. Han sa också till mig att jag hade förnedrat honom. Jag blev förvånad och undrade vad han menade med det? "Jo", sa han. "När du var på gården en dag, då såg du mig. Men du hälsade inte på mig."

Jag såg på honom att det var något han hade tagit illa upp av. Jag svarade "då ber jag om ursäkt för det Bengt". Från att ha varit 1.98 lång, så verkade han bli över två meter. Han sträckte på sig och kände väl en viss stolthet över att jag bad om ursäkt till honom. Det var nog stort för honom. Det säger förmodligen en del om hans personlighet.

Bengt ville inte att någon annan än jag skulle förhöra honom. Under flera förhör berättade han om sitt liv, hur fruktansvärd hans uppväxt hade varit. Hans pappa som hade övergett honom och hans mamma som inte hade gett honom något stöd. Han ville som sagt inte prata om Carina. Jag fick benämna hennes mord som "det här som hände". Det var någon form av metakommunikation och då fungerade det att beröra ämnet och närma sig ett erkännande. Han trivdes i positionen av att berätta om sig själv. Jag lät honom tro att han förde samtalet, medan det i själva verket var jag som hade kontrollen.

Vid ett tillfälle kom vi in på hur folk kan reagera olika vid ilska eller sorg. Vissa människor kastar saker runt sig, andra skriker, vissa slåss och andra gråter osv. Då sa jag "och andra gör sånt som hände här". Jag syftade på mord, jag visste att han förstod.

Till slut säger han:

"Så du menar att det är mina föräldrars fel att det här hände?"

Där och då fick vi ju ett sorts erkännande. Sen ville han inte prata mer och då visste jag sedan tidigare förhör att det var lika bra att låta avsluta förhöret. Vid nästa förhör säger han nästan direkt "jag erkänner att jag har mördat Carina". Sen berättar han för mig hur allt gick till i detalj.

När han väl hade erkänt mordet på Carina så började vi misstänka att det även var Bengt som hade mördat Marie året innan.

Men vi hade ingenting att gå på. Jag sa då till Bengt att nu har du erkänt ett mord, om du då erkänner fler mord så kommer inte din straffbild förändras så radikalt, så det är väl lika bra att du erkänner allt mörkt du går och bär på. Till slut säger han åter igen, "nu vill jag inte prata mer". Men då kände jag faktiskt på mig att vid nästa förhör kommer han även erkänna mordet på Marie.

Som jag trodde. Vid nästa förhör säger han: "Jag vet vad du vill höra." Vadå, sa jag. "Marie Johnsson", sa han. Då erkände han även mordet på Marie.

Det visade sig att Bengt Karlsson hade försökt att mörda fler kvinnor.

En kvinna som Bengt gav sig på en mörk kväll, hade ren tur. Bengt hade gömt sig i en buske och attackerade kvinnan bakifrån och våldtog henne. Han bestämmer sig för att mörda henne och hugger bestialiskt henne över hela kroppen med en kniv. Kvinnan som är så pass skadad att hennes liv hotas redan där och då, lyckas på något vis att knuffa undan Bengt, reser sig upp och börjar springa. Hon springer mot det första huset hon ser, men precis framför dörren trillar kvinnan ihop, hennes kropp orkar inte mer. Hon hinner inte knacka på dörren. Men dörren var olåst och när hon sjunker ihop så dras hennes händer över dörren - rakt över handtaget och dörren öppnas.

Tänk om dörren hade varit låst, tänk om familjen i huset inte hade varit hemma. Då hade hon inte överlevt. Jag ryser. För mig som är ovan vid denna sortens händelser, känns detta som ett uppdiktat manus till en riktigt hemsk deckare.

Det här är ett fall som jag tagit med mig, *berättar Monica.*

Det förstår jag, säger jag till Monica, och fyller på vårt kaffe som hunnit svalna i samtalet.

Jag jobbade i Malmö de sista tio åren innan jag gick i pension, och då jobbade jag i en grupp mot grov organiserad kriminalitet. Jobbar man med alla dessa skjutningar och sprängningarna som sker i Malmö, då stöter man på en helt annan typ av gärningsmän. Dessa gärningsmän sitter framför mig och så frågar jag en enkel fråga som:

"Är det ditt fullständiga namn?". Då får jag bara till svar:

"Inga kommentarer".

Det svaret får jag på varenda fråga jag ställer. Jag tror inte detta bara har att göra med att de är mer tränade på situationen, jag tror snarare att det har att göra med denna typen av gärningsmän är riktigt kriminella.

Om vi istället då ser på nattvandrar-Bengt - han var ju också kriminell såklart - men han var en annan typ av personlighet, precis som Helénes mördare. Detta är inte personer som lever i de kriminella kretsarna, däremot har de begått grova kriminella handlingar. De har en annan sorts personlighet och det behöver man bemöta på ett annat sätt. De pratar i förhöret, och så länge människan pratar då kan man jobba med denne för att lösa fallet. Det går inte göra det på samma sätt med de som säger "inga kommentarer". De har inte heller samma syn på det de har gjort.

Jag frågar Monica hur det egentligen är att som kvinna, sitta framför dessa män som har begått dessa fruktansvärda brott mot andra kvinnor och samtidigt leda ett samtal på en professionell nivå? Vi snubblar även in på ämnet om det är någon skillnad mellan kvinnliga och manliga poliser i det ärendet?

Jag kan inte känna att det är skillnad där mellan mig och mina manliga kollegor. Den förhörstekniken jag använder är inte bunden till mig för att jag är kvinna. Flera av mina före detta manliga kollegor använde sig av samma sorts teknik. Däremot kan man stöta på situationer där det blir en tydlig skillnad. Jag minns för många år sedan när jag skulle hålla förhör med en person som hade begått sexualbrott, han var inte svensk så vi hade tolk med på förhöret.

Jag höll i förhöret och helt plötsligt märker jag att tolken och han som blir förhörd börjar prata med varandra. Då stoppar jag deras samtal och ifrågasätter det - de får ju inte föra egna samtal där jag inte förstår vad som sägs. Då svarar tolken mig att han har lite svårt att prata om detta med dig som är kvinna. I det läget, så är det bara att byta förhörsledare. Jag kan inte ta åt mig i den situationen, jag måste tänka på utredningens bästa. Som privatperson hade man kanske reagerat annorlunda, men som polis, då måste man backa och låta någon annan ta över. Och det är för att vi ska kunna lösa fallet.

Att Monicas berättelser berör, det är det inga tvivel på. Jag fascineras av henne - vilken människa! Vad mycket hon måste ha varit med om. Här får jag sitta och lyssna på hennes direkta ord om morden på Helén och Carina. Jag som i hela mitt liv fantiserat om att få ställa kriminella mot väggen och leda utredningar i kavaj, stramt uppsatt hår och högklackade skor - (nåväl, jag har alltid funderat på varför kvinnorna som leder utredningar i diverse filmer har högklackade skor på sig när de jagar en misstänkt gärningsman, det känns inte så värst smidigt, jag hade nog snubblat. Men jag har alltid fantiserat om att få göra det). Jag tror dock inte att Monica har sprungit efter gärningsmän i högklackade skor, det känns som hon hade tyckt skorna hade stört hennes viktiga uppgift i jobbet. Men för all del, vem är jag att bedöma det.

19

*Eva är född på Lidingö
utanför Stockholm. Hon är
författare, litteraturkritiker och
läkare. År 2003 vann hon det
Nordiska rådets litteraturpris
för "Revbensstäderna"
och år 2010 valdes hon in
som ledamot i Kungliga
Vetenskapsakademien, i
klassen för humaniora och
för framstående förtjänst om
vetenskap.*

Eva Ström

"Vänta inte på att någon annan ska skapa din tillvaro, skapa den själv!"

Eva Ström

Jag har mina rötter utanför Kristanstad, i Rinkaby, där min far växte upp som den yngste sonen av fem syskon i en lantbrukarfamilj. Eftersom min far var yngst av tre söner fanns ingen plats för honom i jordbruket och han fick studera. Han blev därmed den förste i sin släkt att ta studenten och den tog han på Söderportgymnasiet i Kristianstad, som då hette Kristianstad läroverk. Senare utbildade han sig till civilingenjör på Chalmers i Göteborg, och kom så småningom till Stockholm. Där träffade han min mor genom Akademiska kören, så det var musiken som förde dem samman. De gifte sig och slog sig ner på Lidingö. Lidingö låter väldigt överklassigt nuförtiden, men det var det inte när jag växte upp. Det var ett medelklassområde. De fick i rask takt fem barn, jag var nummer två av dem.

När jag var tio år gammal omkom min far i en dramatisk bilolycka. Han blev påkörd av en rattfyllerist. Min mor stod då ensam med fem små barn. Men det viktiga och intressanta i sammanhanget är att

min mor faktiskt hade en utbildning som folkskollärare och ett arbete. Det var inte så vanligt för kvinnor som hade barn på den tiden. Det gjorde att hon hade en inkomst, så att hon kunde försörja familjen, men hon hade också fem barn som skulle tas om hand. Det gick med hjälp av hembiträden och min morfar och mormor som var mycket närvarande under min uppväxt. Min mor blev en viktig förebild för mig som en stark kvinna och det präglade mitt synsätt på livet.

Jag hade en livlig uppväxt med många syskon, med en hel del syskongnabb. *Säger Eva och skrattar.* Jag hade en fin uppväxt. Mina föräldrar levde i ett lyckligt äktenskap fram tills att far gick bort. Vi hade högt i tak med livliga diskussioner – men vi tyckte inte alltid samma sak, absolut inte. Men det var harmoniskt.

Min mor stod inför en jättestor utmaning när hon blev ensam med oss barn. Jag upplever att hon växte i den situationen. Hon vidareutbildade sig till gymna-

21

sielärare i svenska och tyska. Ett stort steg för en ensamstående kvinna.

Jag skulle vilja säga att jag egentligen haft två barndomar, en barndom fram till jag fyllde tio år som var lycklig och brokig. Men sen när far dog och tragiken träffade oss blev stämningen en annan. Vi blev träffade av ödet. Jag vill inte påstå att vi var olyckliga, men det präglade oss, och det var svårt att mista den person som stod oss alla så nära, och som på många sätt burit upp familjen.

När min far levde hade vi det gott ställt, men när min mor blev ensam fick vi börja vända på slantarna på ett helt annat sätt. Vi blev medvetna om vår ekonomi. Men jag lärde mig något väldigt snabbt och det är vikten av en egen utbildning - och kanske något ännu viktigare - att som kvinna ha en utbildning. Det har länge talats om yrken där "kvinnor kan". Jag har nästan skrattat åt det där lite grann. Det är väl självklart att kvinnor kan! Jag har ju sett det med egna ögon. Det är ju verklighet för mig – min mor försörjde ju hela vår familj. Kvinnan måste ha en utbildning, det märkte jag snabbt – för att själv kunna stå på egna ben och skapa sig en trygghet och en frihet.

Min mor var den första studenten i sin familj, varken morfar eller mormor hade studerat. Både mor och far tyckte utbildning var viktigt. Mina föräldrar uppmuntrade läsning och studier, och mor krävde aldrig att vi skulle hjälpa till med disken eller städning. Hon sa istället: "Gå och gör era läxor, det är det som är er uppgift."

Min morfar kom från ganska fattiga förhållanden, han växte upp i Gamla stan i Stockholm, en slum på den tiden. Han föddes 1892 och hans pappa var skräddare. De var elva syskon. Morfar var väldigt duktig i skolan och gick sex år i folkskola. Men sen var det slut med studier. Han skaffade sig en del utbildning på egenhand – han läste tyska, engelska, franska och till och med en del ryska. Det fanns en tradition inom arbetarrörelsen att man skulle lära sig själv. När han dog hastigt i en hjärtinfarkt låg det en uppslagen bok på franska av Marcel Proust på hans nattduksbord. Det är väl fantastiskt! Han hade drömmen i sig att läsa och studera och jag tror han gav det till min mor också.

Far var väldigt tacksam över att ha fått studera. Jag tror jag fick det från bägge hållen. Studierna var viktiga!

Jag tog studenten när jag var 18 år och sen började jag läsa medicin. Det var ju ett så kallat "ordentligt yrke". Jag ville förstå biologi och vad kroppen var. Min far hade ju gått bort och jag ville veta mer om livet och döden. Det låg existentiella skäl bakom helt enkelt. Men såklart även praktiska och ekonomiska! Jag såg min framtid som trygg, med en bra lön och en trygg anställning. Men jag hade intresset att skriva och uttrycka mig från tidig ålder. Men jag såg inte författarskap som "det riktiga jobbet". Det gav ingen säker inkomst och det är långt ifrån alla som kan försörja sig på det.

Jag började skriva dikter väldigt tidigt. Far var väldigt intresserad av dikter och han läste ofta högt ur diktsamlingar för oss. När mor valde att läsa på universitetet var jag omkring tolv år. Då kom hon hem med sin kurslitteratur och frågade mig: "Jaha, vad är det här då? Förstår du något av det här, Eva?"

Jag var familjens diktälskare och läste väldigt mycket. Mor inkluderade mig i tidig ålder och använde mig som någon form av samtalspartner där vi diskuterade olika böcker till hennes studier. Det var ganska fint att som 12-åring känna sig så inkluderad. Jag visste väl inte helt och hållet vad alla dessa verk och dikter betydde. Men jag älskade att läsa dem och vara i dem. För mig var det som att lyssna på musik, att gå in i ett speciellt land. Min mors inkludering har säkert påverkat mig till var jag är idag. Mor behandlade mig som en vuxen på många plan, hon ville lyssna på mig och lät mig förstå att det jag sa kunde vara viktigt och värdefullt. Det var en sak som betydde mycket för mig: jag blev tagen på allvar av mina föräldrar väldigt tidigt. I skolan hade jag lätt för att skriva och uttrycka mig, men eftersom jag hade lätt för det tyckte jag inte det var så märkvärdigt. Det var värre med ämnen som matematik och fysik, där fick jag anstränga mig betydligt mera. De ämnena

hade inte minst därför stor status hos mig.

Jag började studera medicin och hamnade i Kristianstad 1974 som färdig läkare med min man och våra två äldsta barn. Jag hade ju anknytning till Kristianstad genom far och jag hade tillbringat mycket tid där i min barndom. Jag och min man Helge ville bort från Stockholm där vi då bodde. Om vi skulle stannat i Stockholm skulle vi få väldigt långa restider till jobbet. Om vi kunde bo lite mer utanför storstadsregionerna kunde vi få ett mer lätthanterligt liv.

Vi valde mellan Östersund, där Helges mor var ifrån, och Kristianstad där min far var ifrån. Vi ringde kvinnokliniken och infektionskliniken och frågade om de hade något jobb till oss och det hade de! Vi åkte ner till Kristianstad och letade efter boende och hittade ett hus, och där bort vi än idag och trivs jättebra. Ett hus med trädgård nära stan och nära lasarettet, det var ju helt fantastiskt!

När jag började arbeta på sjukhuset var jag väldigt ambitiös och ville vara väldigt duktig. Då bestämde jag: Nu ska jag absolut inte skriva dikter mer och heller inte lyssna på musik! Det låter ju helt bisarrt – jag vet, men jag var så målmedveten och tänkte att sådant bara skulle ta tid ifrån mig. Tiden jag skulle lägga på att bli en bra läkare.

Redan 1972 hade jag skickat in en diktsamling till två bokförlag och blivit refuserad. Jag kände att nu får jag lägga dessa drömmar på hyllan, det kommer inte bli något av dem. Och när jag kom till Kristianstad bestämde jag mig för att inte skriva mer. Men när jag var ledig en vecka i september 1976 kom jag på mig själv att plötsligt sitta vid skrivmaskinen och välla ur mig dikter – under en hel vecka. Det var som om allt det jag hållit inom mig bara flödade ur mig. Ett rus av skapande.

Det blev min första diktsamling, den kom ut året därpå. Detta var i september 1976 och mitt tredje barn föddes i januari 1977. Sen höll jag på att skriva och ge ut böcker i tio år, parallellt med mitt läkarjobb. Men efter tio år kände jag att jag ville satsa på att bli författare på heltid. Jag hade fått en hel del uppmärksamhet, fina recensioner och några priser. Det kändes som man tog emot mig och mitt författarskap i den litterära världen.

Jag frågar Eva hur det känns när man vinner många priser. Finns det något pris som betyder extra mycket?

Jag fick Nordiska rådets litteraturpris 2003 och det var och är fortfarande väldigt stort för mig. Det är det största och finaste priset jag har fått. Helt plötsligt var jag inte verksam bara i Sverige, jag hade nått ut i Norden. Priset kom dock relativt sent i min karriär. Samtidigt kan jag inte låta bli att känna lite extra för de allra första priserna jag vann och de första recensionerna som skrevs. Min andra dikt-

samling "Steinkind" fick jag tre priser för. Efter tio år kände jag att kanske vågade ägna mig åt det här.

Är man relativt ny i ett yrke behöver man också bevis på att man gör något som folk gillar. Det var därför jag vågade ta steget att bli författare på heltid. Det jag gör vill jag göra helt och fullt och jag kände att jag inte helhjärtat kunde göra bägge delarna, skrivandet och läkarjobbet. Jag ångrar inte en sekund att jag arbetade inom sjukvården.

Men läkaryrket är ett oerhört tungt och krävande jobb. Jag gick ofta jour och vi hade tre barn och min man Helge gick också ofta jour på nätterna. Vi jobbade om varandra och jag levde med en ständig sömnbrist. Man pratar om utbrändhet eller utmattningsdepression som det numera kallas. Jag tror inte jag hade fått den diagnosen, men jag hade kanske en del tidiga tecken, som att jag ständigt kände en trötthet som inte gick att vila bort och att allting var så grått.

Jag mådde inte helt bra av att arbeta så hårt och samtidigt ha en stor familj. Nu har man blivit mer uppmärksam på att kvinnliga läkare kan vara pressade av kombinationen av familj och jobb.

Jag brukar säga att kvinnor inte har ansvaret över hemmet , utan att de tar ansvaret över hemmet. Eva håller med - hon lyfter sin man Helge.

Min man och jag har alltid sett på föräldraskapet och hemmet på ett jämlikt sätt. Långt ifrån alla kvinnor lever med en partner som tar lika stort ansvar.

Jag vågade byta bana när jag hade ett alternativ. Jag tror inte man känner efter förrän man har en annan möjlighet. Jag minns en natt när jag hade jour och det var oerhört mycket att göra. Då sa jag till mig själv: men Eva, varför klagar du? Du gör faktiskt det här helt frivilligt. Men är det frivilligt då kan du också göra någonting annat. Det var en tanke som nästan slog ner som en bomb i mig. Det är frivilligt, ingen tvingar dig!

Mitt sista pass som läkare var en nyårsafton. När jag kom hem ville jag bara en enda sak. – Sova! I veckor och månader var det så. Jag sov väldigt mycket, gick och la mig tidigt, och njöt av en ostörd sömn. Efter ett par månader tänkte jag, du måste ju vilja något mer än att bara sova! Jag hade redan börjat skriva för Sydsvenskan där jag recenserade böcker. Men det var svårt för mig att gå från den livliga, spännande och händelsrika miljön på sjukhuset, till att jag helt plötsligt skulle sitta hemma ensam och skriva. Även om det var självvalt kände jag mig enormt övergiven i början.

På sjukhuset finns en mycket tydlig struktur som rutar in dagarna i ett strängt schema. Nu var jag tvungen att bygga upp en egen struktur helt själv. Det var inte alls enkelt. Det tog ett tag att växa in i den nya identiteten. Jag minns när jag skulle handla på dagarna, alla människor jag mötte var pensionärer. (Nu är jag själv pensionär, men då var jag fyrtio år).

Jaha, tänkte jag. Är jag en av dem nu? Fast jag självmant hade tagit steget så fanns det utmaningar för mig. Vi människor vill känna oss delaktiga, som en del av samhället, behövda! Det var det som var det underbara med sjukhuset. Där kände man sig behövd och nyttig - gör jag någon nytta nu egentligen? Jag fick påminna mig själv varje dag att jag gjorde nytta.

Har något av detta påverkat vad du har skrivit?

Ja, absolut. Den första tiden jag gick nattjour på sjukhuset, var jag ofta uppe i varv hela natten. När jag kom hem på morgonen var det som om hjärnan gick i spinn. Tankarna blixtrade hit och dit. För att komma till någon slags ro satte jag mig ofta och skrev. Då kunde det komma väldigt konstiga meningar, men det var ett sätt för mig att gå ner i varv. Jag skrev aldrig direkt vad jag hade upplevt på sjukhuset av etiska skäl, utan mer omformulerat som i en sorts sagovärld. Visst hade saker runt mig betydelse i mina dikter. Mitt moderskap var också viktigt och speglades i mitt verk.

Skiljer sig författaryrket åt nu mot tidigare?

25

När jag startade hade poesi en väldigt hög status. Nu har deckare blivit mycket populärt. De recenserades knappt i tidningarna när jag började. Jag tycker litteraturen har marginaliserats. Nöjeskultur och populärkultur har tagit över. Självbiografier och autofiktion har också blivit väldigt stort. När internet kom var det många som började skriva bloggar och därifrån tog sig en del vidare och blev skribenter och författare. Det finns många vägar in i yrket idag, till exempel via nätet. Det är svårt att försörja sig på ett författarskap. Så har det alltid varit och kommer nog alltid att vara.

Jag tror inte att det finns något arbete som är 100 % perfekt. I alla arbeten finns moment som är jobbiga eller svåra. Så är det inom författaryrket också. Det är ett många gånger ensamt yrke. Det är också ett ganska utsatt arbete, man är aldrig bättre än sin senaste text eller sin senaste recension.

Men om man utbildat sig till något och känner att det inte fungerar, då tycker jag man ska ställa sig frågan, vad är det som inte är bra? Kan jag söka mig vidare inom mitt yrke?

Jag hade säkert kunna hitta någon gren inom läkaryrket som var mindre belastande. Men jag hade verkligen ett kall att skriva och jag ville satsa på det. Man måste också våga söka sig fram.

Dessutom har vi ett yrkesliv som är väldigt långt nu för tiden. Det är inte för sent att byta riktning vid 30-40 års ålder, som det kanske var förr. Men det är inte helt lätt att byta väg.

Min yngsta dotter har gjort tvärtom vad jag har gjort, hon började som musiker, författare och journalist. Men nu har hon bytt karriär och är nu färdig läkare. Anledningen till att hon bytte riktning var ju ändå samma sak som för mig. – Det här är inte vad jag vill göra, jag måste byta riktning.

Jag känner såklart igen mig i henne. Man kan bryta upp från bägge håll. Det är viktigt att man skapar sig en tillvaro där man trivs både i sitt yrkesliv och därhemma. För det är ju så att vi kvinnor föder barnen och tar hand om barnen, förhoppningsvis tillsammans med en jämställd man. Man måste se hela situationen. Det är några år för kvinnor som är extra jobbiga, där de både ska etablera sig i sitt yrke och få sina barn.

Som kvinna kan man ju inte få barn hela livet, utan det är faktiskt en ganska kort period som man kan bli gravid. Om man nu vill ha barn? Det är inte så lätt att kombinera det med ett yrkesliv. Man ska göra allt på samma gång. Det kan bli för mycket och det blev det för mig. Det var ett stort och omtumlande steg för mig att byta riktning. För många kvinnor kan det kanske vara helt omöjligt. Jag tog steget, men det var inte ett enkelt kliv att ta.

Men jag vill absolut inte inspirera människor att hoppa av seriösa utbildningar för att satsa på något mer "lättsinnigt". Man måste komma ihåg att de fria yrkena också är väldigt krävande. Men samtidigt kan man inte leva ett liv där man inte mår bra. Jag ångrar inte mitt liv, min yrkesutbildning till läkare, eller min tid på sjukhuset, som inklusive utbildningen blev tjugotvå år. Jag har fått mycket livserfarenhet därifrån.

Nu när vi precis har upplevt pandemin och fortfarande lever i den, har mina olika erfarenheter varit viktiga för mig. Jag vet att jag måste bygga upp min tillvaro själv, det är ingen annan som gör det åt mig. Under pandemin träffade vi inga andra människor, innan vi blev vaccinerade. Vi var tvungna att själva göra vår tillvaro meningsfull.

Jag köpte till exempel en gås till mig och min man och tillredde den: jag kände att nu minsann ska vi ha en gåsamiddag. Vi drack gott vin och klädde upp oss. Två personer kan ju inte äta en hel gås ensamma. Så det blev mycket rester över. Men man får inte vänta på att andra ska skapa ens tillvaro, man måste göra det själv.

Inte heller har jag kunnat gå till biblioteket under pandemin. Men vad gör jag då? Jo, jag tittar i min enorma bokhylla och finner böcker jag inte läst tidigare. Vi har också ärvt böcker från våra föräldrar. Dessa böcker tar jag mig nu an och läser, istället för att vara ledsen över att jag inte kan låna nya. Det är viktigt att titta på vad man har och inte bara på det man inte har, i allt man stöter på i livet.

Eva påminner mig om vikten av att läsa. Jag har glömt bort det där på något vis, att öppna en bok frivilligt som inte är obligatorisk kurslitteratur. Jag börjar genast tänka på var jag lagt alla mina olästa böcker någonstans, de måste jag plocka fram.

Eva fortsätter: Om jag blickar tillbaka på min barndom och tänker på de första tio åren som var idylliska och tänker på de följande tio åren som var traumatiserade så kan jag börja fundera över varför jag som ung var så fokuserad på den andra perioden. Jag undrade ständigt varför detta öde drabbade just oss min fars död i en bilolycka. Men nu när jag är äldre tänker jag istället, tänk på att du hade tio fantastiska år innan det hände, det är många som inte har haft det så i sin barndom. Det finns inget liv som undgår problem och smärta, alla träffas mer eller mindre. Helt rättvist är inte livet. Ju äldre jag blir desto mer tacksam är jag.

Min mor har som sagt varit väldigt viktig för mig som förebild. Hon bodde i Barum utanför Kristianstad de sista tio åren av sitt liv. Jag fick liksom hon barn tidigt. Jag tror det berodde på att jag förlorade min far som barn och ville att de skulle vara stora den dag jag själv skulle falla ifrån. Det var också roligt att vara ung mamma faktiskt. Samtidigt är man kanske inte alltid så mogen som människa, men det gick ju bra!

Om jag skulle kunna åka tillbaka i tiden och träffa mig själv som ung så hade jag sagt - oroa dig inte så mycket. Allt kommer att lösa sig! Människor har en tendens att oroa sig mycket och det är naturligtvis ett sätt att förbereda sig för svårigheter. Jag blev präglad av min fars plötsliga bortgång. Jag har levt mitt liv med den kunskapen att allt kan förändras på ett ögonblick. Det har gjort mig orolig i perioder. Men visst, det är inte fel att oroa sig lite ibland, att förbereda sig. Men i lagom mängd.

Om det är så att du längtar till det yttre Hebriderna
eller någon annanstans
där man har havet framför sig men Europa i ryggen
och där öarna bara är en tunn hinna av regn
om det är så att du längtar till dessa öar,
eller några andra öar av liknande obetydelse

om det är så att du har tröttnat på att författa
uppslagsböcker
och att läsa dem från A-Ö
om du har inhämtat den kunskap som går att få
om Jarrahskogarna och om druiderna
från Tantalos till Tatra

och om det är så att azaleorna vissnar
att deras svullna skära blommor redan torkat och fallit av
och att ingenting är kvar av deras härdighet, deras
släktskap med Ericacae den täckande ljungen,
drivhusblomma, drivhusblomma…

om det är så att du känner uppbrottet i dig,
som en spricka eller en tanke,
om det är så att du längtar efter att förändras medan
du reser,
som den omogna frukten förändras då den reser,
i lastrummet, över haven, under det Södra Korset,
en skeppshud från vattnet

om det är så och inte på något annat sätt,
om det är så
då har du redan släckt lamporna i huset
och är på väg.

"De yttre Hebriderna", ur diktsamlingen "Steinkind"
från 1979. Skriven av Eva Ström.

Anna-Kerstin Larsson är född i Lund och har en lång och gedigen karriär som politiker, främst i Kristianstad Kommun. Hon är sjuksköterska i grunden med inriktning på psykiatri och har med sina solida kunskaper gjort stora positiva förändringar för Kristianstad kommuns invånare.

Anna-Kerstin Larsson

" Den sortens män kommer du att besegra en dag".

Anna-Kerstin Larsson

Jag är född 1936 på Lunds lasarett. Min far var stins (stationsinspektör) och min mor var hemarbetande - och allt vad det innebär för kvinnor. Det låter kanske trevligt, men idag vet vi alla att det inte alltid var en dans på rosor. När jag var fem år flyttade vi vidare till Ravlunda på Österlen och där utspelade sig min barndom. Mina föräldrar gav mig en väldigt liberal uppväxt - i det avseende att jag tidigt fick lära mig att jag var en fri individ och att jag bestämde över mitt liv. De gav mig möjligheter till att utvecklas och växa som person. Jag minns när jag började prata emot min mor - som barn ofta gör. Då tog min far in min mor i rummet bredvid och sa: "Det är ingen idé Hertha, Anna-Kerstin gör sina egna val här i livet".

När jag blev äldre och det var dags att skaffa sig en utbildning - så ville jag inte alls det. Min dröm var att bli affärsbiträde i byn där vi bodde - men utbudet var ju inte direkt stort. Mina föräldrar hade en annan uppfattning, de ville att jag skulle utbilda mig. Det gav mig en frihet sa dem. Min mor var den som uppmanade mig allra mest till att börja studera, något som jag nu i efterhand förstår. Hon ville inte att jag skulle bli en hemmafru. Min mor hade inte haft möjlighet att studera, men nu var hon rädd att hennes dotter skulle strunta i den möjligheten. Jag följde mina föräldrars råd och började studera. Jag ville bli sjuksköterska, så jag hoppade på sjuksköterskeutbildningen i Kristianstad.

Halvvägs in i utbildningen fick man möjligheten att byta inriktning. Antingen specialisera sig inom något område - eller välja något annat. Jag ville då bli polis! Jag gick till rektorn och berättade min plan för henne, men hon var inte lika entusiastisk som jag var, hon var snarare väldigt fundersam. Hon tittade på mig och sa: "Du kan inte bli polis, du är ju så smal och klen." Då sa jag bestämt att polisyrket sköter man inte med slagsmål.

Hon blev stum ett tag, men sedan kom vi båda överens om att jag nog skulle fundera över det där ett tag till. Jag lyssnade på henne till slut och kom fram till att jag ville jobba inom psykiatrin. Så jag valde psykiatrilinjen istället. Den fanns i Uppsala och jag bodde där ett tag men flyttade sedan tillbaka till Kristianstad för att ta min examen. Jag var färdigutbildad när jag var 19 år gammal. Men snabbt kände jag att jag ville vidare från Kristianstad.

Jag såg en annons i tidningen om att de sökte en översköterska på St. Marias sjukhus i Helsingborg. Jag tänkte - ja varför inte? Så jag sökte jobbet utan några vidare förhoppningar. Men jag blev uppringd och blev kallad till en intervju som resulterade i att jag fick jobbet. Jag blev då chef över en avdelning med 54 psykotiska kvinnor. Efteråt har jag självklart funderat över hur jag egentligen vågade - men det gick ju bra trots allt! Det var en upplevelse som jag aldrig kommer att glömma.

Kvinnorna som var på den avdelningen behandlades på ett sätt som jag inte var bekväm i. De medicinerades väldigt hårt. Tung medicin som resulterade i att de mest satt stilla på sina rum och de var väldigt svåra att kommunicera med. Jag tyckte det var fel väg att gå. Jag ifrågasatte ganska tidigt detta och det var inte så populärt bland läkarna. De frågade: vem tror du att du är! Men jag struntade i det, jag stod för min åsikt och gav inte vika. Jag tyckte att jag kom med nya och fräscha kunskaper inom området - och tillslut så lyssnade de på mig och insåg att jag hade rätt.

Under tiden som jag jobbade i Helsingborg så bodde jag i ett rum som låg mellan två avdelningar - det kallades för en svit. (Det ska inte förväxlas med dagens hotellsviter vill jag tydliggöra). Det var två rum, ett badrum och en garderob. Jag hade inget kök, så jag fick förvara mitt knäckebröd och flytande smör i garderoben och så fick jag sköta om disken inne på toaletten. Men jag trivdes faktiskt!

Jag minns speciellt en kvinna på avdelningen, en äldre dam som inte hade sagt ett enda ord på flera år. Men en dag så tittade denna kvinnan på mig och frågade med en klar röst var jag hade utbildat mig någonstans? Jag svarade då att jag hade utbildat mig i Uppsala. Den här damen var nämligen från Uppsala och där och då fann vi varandra på något vis. Jag blev otroligt glad över att hon började tala - så jag rapporterade genast detta i journalen. Sen en dag, när överläkaren gick sin rond så ville han se om det jag rapporterat verkligen stämde. Jag var ju stolt så jag visade läkaren in till rummet där damen var. Han gick fram till henne, pekade på mig och frågade: "Kan damen berätta för mig vem som står där?" Hon svarade: "Men det vet väl doktorn? Det är ju Uppsala-horan ser du väl?"

Anna-Kerstin skrattar och slår handen i bordet framför oss, jag kan inte låta bli att brista ut i skratt.

Anna-Kerstin fortsätter: Ja det hade varken jag eller doktorn förväntat oss, men jag hade ju rätt! Hon pratade igen! - Jag var så glad.

Jag var på sjukhuset i fyra år. Och det var fantastiskt på många sätt. Jag lärde mig så otroligt mycket och jag kommer aldrig att glömma tiden där. Dessutom träffade jag min man som studerade på den arbetsplatsen och som jag fortfarande är gift med sedan 53 år tillbaka.

När min man var färdigutbildad fick han en tjänst på psykiatriska kliniken i Kristianstad och jag följde med. Men jag kunde inte börja arbeta när vi flyttade, för vi fick barn. På den tiden (alltså under 70-talet) så fanns det ju inga daghemsplatser. Kvinnan kunde inte jobba och ha barn samtidigt. Men jag kunde inte låta bli att jobba, jag älskade mitt jobb - så jag tog lite vikariat ibland och då skickade man faktiskt hem barnsköterskor som passade barnen.

Man såg behovet av att få ut sjuksköterskor i arbetet. Sjuksköterskeyrket var och är fortfarande kvinnodominerat, så många av de yngre sjuksköterskorna var ju hemma med barnen, vilket skapade en brist av sjuksköterskor i arbete. Vi var några mammor som träffades om dagarna vid sandlådan med våra barn, och vi alla grämde oss över att det inte fanns daghemsplatser. Jag tyckte det var ett himla gnällande på oss hela tiden. Så en dag reste jag mig upp, ställde mig på kanten av sandlådan och skrek rakt ut i luften: Nä, vi kan inte sitta här och bara klaga, vi måste engagera oss nu! Nu ska jag gå in i ett politiskt parti, för att försöka påverka situationen. Alla blev tysta. De tittade på mig och sa: Nej, vi törs inte, du får börja. Så då tänkte jag: ja då får jag väl göra det.

Jag besökte alla partiers expeditioner inne i stan och tog hem allas partiprogram som jag begrundade. Jag insåg snabbt att Folkpartiet (nuvarande Liberalerna) var det parti som stämde mest överens med mina värderingar. Jag ville bestämma över mitt eget liv och jag ville vara med och påverka. Jag tågade iväg till ett medlemsmöte och skrev upp mig som medlem. Inte visste jag då vart det skulle ta mig hän. 1974 var det iallafall dags, jag skulle hålla mitt första tal i kommunfullmäktige. Temat på mitt tal var vikten av barnomsorgsplatser. Jag hade förberett mig i en hel vecka hemma; jag tvingade ner min man i soffan varje kväll: nu ska du lyssna, sa jag. Till slut sa han: "När är det där fullmäktigemötet egentligen?" Han var så trött på det. *Anna-Kerstin skrattar till.*

Dagen kom och jag gick upp till talarstolen med darrande ben. Jag höll mitt länge förberedda tal och upp efter mig gick kommunstyrelsens ordförande - en fruktad man som hette Sven Hansson och var Socialdemokrat. Han sa: "Det är ynkligt att höra löss hosta." Sen gick han ner igen. Där satt jag och sa ingenting. Jag valde att inte gå upp och ge honom mer luft, då hade han försökt köra över mig än mer. Jag ville bara ut från lokalen, jag skämdes så mycket. När sammanträdet var över skyndade jag mig ut från lokalen, jag sprang ner för trapporna, över torget och hem. Där stod min man och väntade. Han sa: "Välkommen hem, det gick väl jättebra?" Jag berättade med upprörd röst vad som hade hänt och sa: jag sätter aldrig mer min fot i den församlingen. Då tog han mig i handen, tittade mig i ögonen och sa: "Den sortens män kommer du att besegra en dag." Han hade rätt, för så småningom insåg även männen att vi kvinnor behövs på arbetsplatsen, liksom i talarstolen i kommunfullmäktige.

Jag fortsatte att engagera mig politiskt. Jag gick med i Fredrika Bremer-förbundet, och blev så småningom ordförande i Kristianstad. Sedan kom jag in i styrelsen på nationell nivå, och sen som vice ordförande där. Under tiden arbetade jag som klinikföreståndare på psykiatriska kliniken i Kristianstad och det var ett mycket hårt arbete. Samtidigt hade jag politiken vid sidan om.

Jag ville balansera politiken med mitt yrke. Men egentligen konkurrerade min politiska karriär med mitt yrke hela vägen fram tills att jag blev pensionär.

Vi kommer in på Anna-Kerstins långa karriär. Hon måste ha varit med om hur mycket som helst!

Mycket har hunnit hända under mina år. Jag minns speciellt att när jag började i politiken, då rökte männen överallt. Jag var ju ensam bland alla män. När jag kom in i kommunstyrelsen så hamnade jag bland annat i trafikutskottet - hur jag nu hamnade där egentligen? Men under sammanträdena så satt männen och bolmade där stup i kvarten. Jag stod inte ut! Jag reagerade på det starkt och sa att jag inte accepterar det. Det var min arbetsplats också och jag trivdes inte alls i den arbetsmiljön. Jag fick som svar: "Det har vi alltid gjort." Jaha, sa jag. Men alltid kan ju inte gälla för alltid.

Dåvarande kanslichef försökte få mig att sluta klaga, men det gick jag inte med på. En dag när vi skulle ha sammanträde så gick jag som vanligt till min plats. Bredvid min namnskylt stod ett inslaget paket. Jag blev väldigt förvånad och funderade på om det verkligen var en present till mig? Jag väntade tills att alla hade kommit in i rummet och tänkte att någon kanske skulle säga något innan jag öppnar. Till slut säger ordförande: "Anna-Kerstin, vi har en present till dig. Varsågod att öppna." Jag öppnar paketet och ser att där ligger en gasmask i lådan. Jag tar upp den, ler och säger: tack så mycket, den kan verkligen behövas. Jag tar upp gasmasken ur lådan och sätter den över mitt ansikte och hade den på mig under mötet. Samtidigt öppnas dörrarna och en fotograf sticker in huvudet i lokalen och tar en bild på mig. Jag tittar runt omkring mig och säger: denna syn får ni vänja er vid, jag kommer ha

denna på mig tills det sker en förändring. Det hjälpte. Männen slutade röka inne i rummet efter det mötet.

Det går inte att jämföra hur det var att vara kvinna i politiken när jag började jämfört med hur det är idag. Trots att det fortfarande görs skillnad på män och kvinnor så tänker vi idag på ett helt annat sätt - vi jobbar aktivt för jämställdheten och vi gör det på ett helt annat vis. Det är nödvändigt att se till att fördelningen är jämn mellan kvinnor och män. Både män och kvinnor behövs i politiken. Vi tänker och agerar olika. Vi har olika erfarenheter och den balansen behövs

Tänk vilken förändring Anna-Kerstin har bevittnat. Jag undrar om det varit lätt för henne att stå upp för sin röst alltid?

Det var jobbigt att stå upp mot männen på egen hand. Men jag tänkte. om inte jag gör det, vem kommer då att göra det? Så småningom blev vi fler och fler kvinnor som stod upp för vår sak och då kände jag att mitt arbete var viktigt. Det är viktigt att kvinnor stödjer kvinnor, så är det inte alltid och det tycker jag är synd. Vi måste stötta varandra. Det är också viktigt att påpeka att vi kvinnor inte ska få plats i styrelser, politiken, yrkeslivet, bankvärlden eller liknande - bara för att vi är kvinnor, utan för att vi besitter kunskap! Det är därför vi ska finnas på dessa olika nivåer

och olika delar av samhället. Jag har varit med och upplevt stora förbättringar och stora förändringar, men visst har det tagit onödigt lång tid, men vi har tagit oss framåt iallafall.

Visst är det också så att vi kvinnor har en press på oss, men vi sätter också en press på oss själva. Vi måste prestera bättre än männen gör för att ens få komma till tals. Vid många tillfällen har jag i debatter, interna diskussioner eller olika grupperingar tagit upp ett förslag som snabbt har fallit till marken. Tio minuter senare så är det istället en man som tar upp samma sak och då leder det istället till en livlig diskussion med många som instämmer. Det har alltid varit tydligt för mig att jag behöver ha mycket mer på fötterna jämfört med mina manliga kollegor om jag ska föreslå eller lyfta något. Jag känner inte på samma vis nu, men självklart att det kan slå mig ibland. Jag har ju blivit äldre och förändrats men det har ju också samhället - som tur är.

Vi kvinnor får mer gehör idag utan att behöva spänna bågen så högt längre. De män som fortfarande håller på att sträva bakåt, de vet man ju precis var man har. De blir färre och det är positivt. Vi kvinnor har lärt oss hur vi ska hantera dem.

Jag tackar Anna-Kerstin och hennes generation för den lärdomen.

Idag vet män att vi kan och många män står upp för oss kvinnor. Arbetet med

Hon fick rökfritt tack vare gasmask

■ Rökförbud i offentliga lokaler, på arbetsplatser och sammanträdesrum diskuteras ständigt. Men i beredningsutskottet i Kristianstad kommun har man aldrig haft något problem. Alla har nämligen varit storrökare.

Så kom då den första ickerökaren med – folkpartisten ANNA KERSTIN LARSSON. Hon krävde rökfritt. Utan någon reaktion från de verkliga storrökarna – bl a moderaten LARS PERSSON och socialdemokraten DICK SVENSSON.

Vid nästa sammanträde hittade damen en liten låda vid sin plats. Öppnade den – och hittade en gasmask. Naturligtvis satte hon på sig masken när rökarna började.

Nu är alla sammanträden rökfria. Fall så att säga på eget grepp av den rökare som placerat masken vid folkpartistens plats. Ingen hörde vad hon sa genom masken. Och hon vägrade konsekvent att ta av sig den så länge blossandet pågick.

Anna-Kerstin Larsson fick som hon ville

---

kvinnor och mäns lika rättigheter är bara påbörjat. Det gäller att hela tiden tala om att vi finns, att vi kan och att vi vill.

Det är viktigt att man som ung och kanske framförallt som ung tjej skaffar sig en utbildning och ett yrke innan man går in i politiken fullt ut. Vad som helst kan hända i politikens värld, saker kan hända över en natt. Man kan förlora mandat från det ena valet till det andra. Då är det viktigt att man har något att luta sig mot.

Under slutet av 70-talet var jag heltidspolitiker i landstinget i Kristianstads län.

Där lärde jag mig oerhört mycket. Som gruppledare ställs man inför många utmaningar, framförallt att få ihop gruppen, men också att hantera människor och olika situationer. Men i det uppdraget som jag har nu - ordförande i överförmyndarnämnden - där lär jag mig minst lika mycket. Men framförallt så känner jag att jag har stor nytta av mitt yrke. Det är många människor involverade, mycket känslor och många som tycker och tänker. Då gäller det att stå stadigt, vara lyhörd och försöka förklara och förstå hur besluten påverkar olika människor.

Jag har egentligen alltid haft nytta av mitt yrke inom politiken, men i detta här och nu känner jag absolut att det gör nytta.

Det är väldigt lätt att hamna i en bubbla om man själv har ett bra liv utan större bekymmer. Då kanske man har svårare att förstå de människor som lever under andra omständigheter. Mitt yrke och mina uppdrag som jag har haft under åren har gett mig oerhört stor förståelse för situationer och människor. Jag hoppas och tror att de människor som jag träffar genom politiken kan uppleva mig som en inkännande person, även om jag ibland behöver förmedla obekväma besked som de inte vill höra där och då.

När man arbetat och varit engagerad i politiken så länge som Anna-Kerstin har så kan jag tänka mig att saker kan ha blivit fel. Jag frågar Anna-Kerstin om hon känt att hon gjort fel någon gång, och hur går man i så fall vidare från det egentligen?

Alla människor kan göra fel, och förmodligen har jag gjort fel i situationer jag inte ens själv är medveten om. Men jag vet att jag har gjort två riktiga fel - som jag bär med mig. I synnerhet det ena - som jag inte kan göra något åt. Jag var ordförande i rehabilitering och hjälpmedelsnämnden, i Region Skåne. Vid den tidpunkten så lanserades en insulinpump för de som hade diabetes. När jag kom in i bilden så hade en enda diabetiker i Skåne fått en sådan insulinpump som var utlånad av företaget som tillverkat den - i ett lanseringssyfte. Folk inom yrket var väldigt intresserade av detta nya hjälpmedel. Prövotiden för patienten gick ut och jag blev inblandad som ansvarig för hjälpmedel inom regionen. Vi hade tjänstemän som absolut avrådde mig från att säga ja till en fortsättning av denna pump. Jag tänkte i mitt stilla sinne - men detta är väl framtiden?

Men jag vågade inte följa min magkänsla och mina egna erfarenheter som sjuksköterska. Tjänstemännens påtryckningar var starkare än mina egna tankar. Jag gav med mig och sa nej. Nämnden var bakom mig i beslutet. Vi avslog insulinpumpen. Det ledde till att dåvarande socialministern kom in i bilden. Han uttalade sig och löpsedlarna fylldes med vårt felaktiga beslut. Jag glömmer det aldrig. Men vad jag gjorde då var att jag gick till kliniken där patienten var skriven. Jag sa då att jag tyckte kliniken skulle betala för insulinpumpen till patienten. Det blev ett långt samtal som inte ledde någonstans.

Så jag samlade istället ihop alla de tjänstemän som hade talat om för mig att jag skulle säga nej till beslutet och berättade att jag ville riva upp det. Det var inte omtyckt och det var inte enkelt. Men det gick så småningom. Rubrikerna fanns ju redan om mitt "felaktiga" beslut. Drevet gick. Men jag erkände att jag hade gjort fel. Jag tror det är viktigt att vi vågar erkänna när vi gör fel, och våga rätta till det och inte bara lägga locket på.

Om Anna-Kerstin hade fått åka tillbaka i tiden, och träffa sig själv - när skulle det ha varit och vad hade hon velat säga till sig själv?

Jag hade velat stöta på mig själv i början av mitt ordförandeskap i Överförmyndarnämnden. Folk ringde till mig ofta och var arga över vissa beslut. De ifrågasatte mig och påstod att jag gjort saker som inte stämde. Efter varje samtal så frågade jag mig själv om jag svarade rätt? Agerade jag rätt nu? Jag var orolig. Jag var inte expert på området och ville inte svara på detaljer jag inte hade ansvar över. Jag skulle vilja lugna ner mig själv lite, bett mig andas och tänka över hur jag skulle svara. Det är rätt ensamt att vara ordförande i många situationer. Då gäller det att man går till sig själv och lär sig hantera dessa på bästa sätt.

Med åren så är det några saker som har blivit tydliga för mig. Man sorterar sitt engagemang, man sorterar var man lägger sina strider. Man får större erfarenhet och den är viktig att ta med sig och våga lyssna på. Jag har lärt mig att lyssna, ta in och våga vara tyst i rummet och bejaka omgivningen innan jag tar ordet. Många gånger när det är som mest livligast, när röster höjs och folk kanske blir lite upprörda - och det är också viktigt att folk gör det såklart - men då brukar jag tänka - jaja, det här har jag hört sedan 1975…
Anna-Kerstin skrattar. Jag har ju såklart respekt för situationer men jag har

lärt mig att luta mig lite mer tillbaka. Det handlar hela tiden om att balansera saker och ting. Det är inte alltid att man lyckas, men om man har det som en sorts kompass - så löser sig det mesta.

Och Henny, vi kvinnor… *säger Anna-Kerstin och tittar mig i ögonen:* vi kvinnor är vana vid att från hemmet kompromissa, vi är vana vid att uppfostra, vi är vana vid att ställa saker till rätta, vi är vana vid att gjuta olja på vågorna. Så är det några som är tränade till att sköta politik, så är det bannemej vi kvinnor!

Frida kommer från Skanör.
Hon är utbildad advokat och
har jobbat inom branschen i
över åtta år. Nu byter hon väg
i livet, sadlar om och satsar
all sin tid på hennes växande
sociala medier. Hennes liv som
relativt ny influencer är inte
bara kul att följa, utan oerhört
stärkande och intressant.

Frida Kummerfeldt

"Jag kan be om ursäkt för det jag gör, men inte för den jag är."

Frida Kummerfeldt

Jag växte upp i Skanör. Där bor jag fortfarande, fast nu i ett eget hus tillsammans med min dotter och min man. Jag hade en jättebra och trygg barndom med föräldrar som arbetade och som tog hand om mig väl. Jag kan ändå uppleva att min barndom präglades av en känsla som befann sig inom mig, en känsla av att aldrig riktigt passa in. Jag fick genomlida flera år av mobbning som barn som egentligen höll i sig oerhört länge och som gjorde att jag kände mig annorlunda. Det gör att jag egentligen har svårt att säga att min barndom antingen var bra eller dålig. Å ena sidan var den trygg och jättebra med engagerade föräldrar som alltid fanns närvarande och som stöttade mig, men å andra sidan har jag alltid burit med mig den gnagande känslan av att vara annorlunda, utstött. Det har präglat mig väldigt mycket och det är något som jag brottas med än idag.

Ordet annorlunda får mig att reflektera, hur definierar Frida ordet annorlunda?

Jo, jag har svårt att bli förstådd. Jag har alltid haft en personlighet som väcker känslor. Antingen så tycker man att jag är toppen eller så tycker man inte det. På senare år har jag dock börjat acceptera det faktum att alla inte kan tycka om mig. Förr iklädde jag mig en roll som spexaren, för att kanske synas och för att tillfredsställa andra. Men nu har jag helt enkelt accepterat min tillvaro. Jag har aldrig heller medvetet tonat ned mig själv på det sätt att jag slipat eller korrigerat mig och min personlighet, däremot tror jag att det i mitt fall handlar om att man accepterar saker och ting när man uppnår en viss ålder. Det handlar om mognad - om att bli förälder, då förskjuts fokus från en själv och man blir en mer insiktsfull och mindre dramatisk person. Ungdomen upplevde jag - och många delar nog den tanken med mig - som mer dramatisk och fylld med känslor. Sen går livet vidare och man blir grundad, man skaffar sig en partner och man skapar en familj. I takt med allt detta har jag fått en starkare självkänsla.

41

Jag stannar vid ordet självkänsla - detta svåra begrepp. Att ställa sig frågan om hur får man en bra självkänsla, känns ungefär som att ställa sig frågan - vad är meningen med livet? Men Frida verkar ha tagit sig an utmaningen till denna komplexa, men ack så viktiga fråga.

Jag levde mitt liv med en obefintlig självkänsla, där jag tyckte att jag inte var värd någonting. Med åren har min självkänsla stärkts och jag har blivit mer fokuserad på att vårda den men också att dela budskapet till andra om hur viktigt det faktiskt är med en bra självkänsla. Genom en bättre självkänsla så får man också en mer "Fuck You"-attityd, och den behövs! På så vis kan jag tydligt säga att jag kan be om ursäkt för det jag gör, men jag kan inte be om ursäkt för den jag är. När det landade i mig och när jag väl hamnade i en situation där folk inte uppskattade något jag gjorde, så tog det inte lika hårt på mig. Då kunde jag i stället ställa mig och säga att jag är den jag är, och jag kan inte ändra mig för dig.

När man väljer att vara en offentlig person som jag är, tror jag att det är viktigt att ha landat i sig själv. Att inse sin självkänsla och vad den är värd. *Frida ler lite.*
När det gäller sociala medier så kan jag känna att jag är glad att jag började med det när jag faktiskt var lite äldre. Det gör att jag kan ta saker och ting lite mer med en klackspark. Sociala medier har ju blivit "business" för mig (nu än mer än tidiga-

re), det är inte personligt. Då är det också lättare att skilja på sak och person.

Att svara på hur man får en bra självkänsla är en enormt svår fråga. Det är där jag lägger all min tid just nu. På att motivera, inspirera och förklara vikten av en god självkänsla. För mig har det utkristalliserats genom olika punkter som jag tycker är viktiga.

Det ena är att man ska fokusera på allt det man är, istället för allt det som man inte är. Att fokusera på allt det man gör, istället för allt det som man inte gör. Har man en dålig självkänsla så fastnar man lätt i en ond cirkel av tankar som: jag kan inte det, mitt hem är inte fint, min kropp är inte fin, jag tjänar inte tillräckligt mycket pengar och så vidare.

Man fokuserar på allt det som man inte kan och allt det som man inte gör. Om man istället hela tiden aktivt fokuserar på det som man har , och där man är och känner tacksamhet över det, så lovar jag att livet kommer kännas så mycket bättre. *Frida pausar lite och ler igen.* Jag tänker ofta på var jag och min man började. Vi började i en rutten lägenhet i Rågsved i Stockholm med en madrass på golvet och en TV på väggen. Nu har vi allt som vi tillsammans har skapat, och jag är väldigt tacksam över det.

Självkänsla är som kondition. Vi lever i en tid där vi bombas av termer som "livsglädje, vardagslyx, feel-good" - jag älskar alla

42

dessa saker, men det finns ingen människa som alltid är nöjd, alltid är glad och tillfredsställd. Livet är svårt, det innebär motgångar och trauman. Det finns inget recept mot det. Men däremot tror jag att man kan rusta sig inför det med ett välmående som gör att nästa gång det kommer en motgång, så är det lättare att hantera och lättare att ta sig förbi.

Är man ofta uppkopplad på sociala medier, oavsett om man är som jag - en kreatör, eller en användare så följer man olika konton - en träningsmänniska, en inredare, en kändis med superlyxig livsstil och kanske några "modetjejer" med en fantastisk garderob. I ens huvud så blir allt detta en sörja med känslan av att alla andra har allt, men inte jag. Men, vad många glömmer är det mänskliga. Inredaren har kanske inte en fantastisk trädgård. Träningstjejen har en fantastisk kropp och en hälsosam strukturerad livsstil, men hon kanske har ett hem som inte ens tilltalar dig. Människor visar bara upp det härliga på sociala medier. Om man då istället fokuserar på att vara tacksam över det man har, så blir man inte svartsjuk eller missunnsam. Istället kan man vara glad över vad andra åstadkommit och inspireras av det. En annan oerhört viktig del för en god självkänsla är att man lever i sin egen sanning. Det är först när man lever som man själv vill och inte gör livsval utefter vad någon annan tycker och tänker, som man får en god självkänsla. Det är ju faktiskt därför jag nu tar en

paus från mitt jobb som advokat och satsar på mina sociala medier.

Fridas kliv till att våga byta riktning i livet inspirerar mig. Mål och drömmar är något vi människor behöver, men att våga justera drömmen, att välja en annan stig mot den kan kännas skrämmande.

Jag var lite av en enhörning när jag växte upp. En sådan som inte finns på riktigt. Jag hade ett enda fokus, jag skulle jobba med juridik. Det hela började när jag var tio år gammal, då visade TV4 en serie som hette "Emma åklagare". Emma var en rödhårig "sassy" lady som körde motorcykel. Hon hade en skitsnygg exman och en het romans med en stilig åklagare. Hon räddade världen och hjälpte kvinnor. Jag ville bli som henne. Hela min skolgång fokuserade jag på att få höga betyg som skulle ta mig in på juristprogrammet - och jag lyckades. Tillslut en dag, så fick jag det samtalet jag drömt om sedan jag kollade på Emma på TV:n. De berättade i telefonen att jag blivit antagen till advokatsamfundet. Min största dröm gick i uppfyllelse. Men jag kände ingenting. Jag var helt tom. Det oerhörda målet som jag i tjugo års tid har haft, var uppfyllt och jag bara satt där helt kall. Ska det vara såhär i resten av mitt liv nu? Är jag färdig nu?

Då började en gnagande känsla inom mig av otillfredsställelse. Jag måste ha dröm-

43

mar och planer och utmaningar, då mår jag bra. Nu befinner jag mig där jag aldrig kunnat tro att jag skulle göra. Det var ju advokat jag skulle bli! Men helt plötsligt har jag tagit tjänstledigt och vill jobba som influencer…

Frida ler igen och jag med.

Reaktionerna på det har varit olika. Folk undrar varför jag väljer att kasta bort min karriär. Men jag ser inte det så. Ingen kan ta ifrån mig min utbildning, och ingen karriär är bortkastad. Jag kan alltid återkomma till yrket. Jag har valt att vara sann mot mig själv och följa mitt hjärta. Något som jag vill lära ut till min dotter, men för att göra det måste jag leva som jag lär.

Att få barn är den viktigaste motivationen som finns för att vara den bästa människan som man kan vara. Jag har levt hela mitt liv med ätstörningar och det började redan när jag var tio år gammal. Vi vet att ätstörningar är ärftligt och därför är det så viktigt för mig att min dotter inte bara får höra att hon är söt och fin och allt det ytliga som vi människor såklart också behöver höra. Utan att hon faktiskt får lära sig att titta på sig själv och se att hon är smart, omtänksam, rolig, snäll och alla viktiga egenskaper som kan stärka hennes självkänsla. Min man är en fantastisk förebild för vår dotter. Han är från början fotograf men har nu vid nästan 40-års ålder skolat om sig till psykolog. Det är så viktigt för

våran dotter att se - pappa byter skola mitt i livet. Det är aldrig försent, man behöver inte göra det bästa gymnasievalet. Jag vill visa min dotter att man ska leva i sin egen sanning. Skolan är oerhört viktigt och utbildning ger dig frihet, men man får inte glömma att vara sann mot sig själv. Man ska inte oroa sig i onödan - allt löser sig tillslut om man bara tror på sig själv och lever i sin egen sanning.

Jag undrar om Frida känner ett ansvar över det hon delar på sina sociala medier, har influencers det omtalade ansvaret?

Vi influencer har ett ansvar som andra lägger på oss och det tycker jag är fel. Jag skulle våga påstå att det här är en könsfråga. Influenceryrket är det yrke där kvinnor i princip för första gången lyckats överta en hel bransch och göra den till sin egen och skapa en oerhörd framgång. I denna "influencervärld" finns det kvinnor som slitit sedan tonåren i sina flickrum och som idag är miljonärer, till och med miljardärer och som har byggt upp ett imperium. Men så är det fortfarande en bransch som man fnyser åt. Många undrar: "Vad är det svåra? Man lägger upp en selfie, man fotar sin frukost." Men det är inte sant. Att vara influencer innebär att vara alla delar av en tidning.

Du är fotograf, modell, journalist, ekonomiavdelning, marknadsavdelning, presschef, VD, chefredaktör och allt däremellan. Det är faktiskt helt fantastiskt. Men jag tror, att eftersom det är kvinnor som dominerar yrket så har vi lagt stämpeln om att: du har ett ansvar som influencer". Jag tycker inte man kan lägga det på en annan människa. Man kan inte säga att någon ska vara en förebild. Jaha, för vem frågar jag då? Det finns ingen människa i världen som kan vara allas förebild.

Jag kan absolut ha en medvetenhet om vad jag publicerar och följa de etiska och moraliska riktlinjer som jag står för. Men det betyder att det stundtals kommer finnas människor som inte håller med mig. Då ska man genast kleta på dig att du är en dålig förebild. Men det kan jag inte vara, jag är en människa. Det finns ingen människa som kan vara perfekt och som kan vara alla till lags. Att vara en "peoplepleaser" är det sämsta för sin egen självkänsla. Att ständigt fokusera på att göra andra människor nöjda och glada gör att man glömmer bort sig själv. Om inte jag är nöjd och glad och får leva min egna sanning, vad är det då värt i slutändan att jag tillfredsställer alla andra människor? Om man vill nå ut på sociala medier som vilken människa eller i vilken kategori som helst, så har jag bara ett budskap: om du talar till alla, så talar du till ingen.

Vi lever i en tid där vi ska vara perfekta och vi har så orimliga krav på oss själva. Därför lever jag med mottot att alltid bara göra något till 80%. Den enorma ansträngningen det krävs för dig att gå från 80-100%, matchar inte resultatet. Det kommer antagligen inte att märkas. Allt behöver inte vara helt perfekt alltid. Om du är i en period i ditt liv där du har väldigt höga krav på dig själv kan det vara skönt att tänka: Idag gjorde jag faktiskt 80% av städningen i huset. Kontentan är att nå fram till "Good Enough". 80%-regeln för mig är viktig för att ha en sund mental hälsa och orka med allt jag gör.

Fridas tretton livsråd:

1. Var lite "naughty"

Allt för många kvinnor lever ett liv där allt ska vara propert och rätt. Inte sticka ut och inte ta plats. Men inte heller vara för lite eller en "grå mus". I alla val i livet finns det individer som gör allt för att smälta in. De vill gå under radarn och inte väcka uppsyn. Jag tycker det är fel. För mig är det som att leva ett liv som mest efterliknar de raka strecket på akutens maskin när hjärtat slutat slå. Så va lite "naughty". Spara pengar, men en månad kan du strunta i det och köpa något härligt istället. Nakenbada. Bli lite full med bästa vännerna. Strunta i dina rigorösa rutiner och släpp loss lite. Va inte så himla proper hela tiden.

2. Gör alltid bara 80%

Det här är faktiskt så himla skönt ska du veta. Att släppa kravet på perfektion. För dit når du ändå aldrig. Oavsett hur ofta du gör något, hur noggrann du är eller hur hårt du sliter. Perfektion är onåbart. Den enorma ansträngningen det krävs för dig att gå från 80% till 100% matchar inte resultatet. Du kommer fortfarande göra ett riktigt bra jobb, nå dina drömmar och utföra det du bör, vill och ska. Men det

kommer vara en lite mer njutningsbar väg dit.

3. Bli inspirerad varje dag

Livet kan fyllas med precis så mycket eller så lite du vill. Det kan fyllas med oro, missnöje och stress eller med inspiration. Inspiration är så viktigt för människans själ. Att låta sig bli hänförd, förförd och påverkad på djupet är något väldigt vackert. Lyssna på ny musik, läs böcker, köp "glossiga" magasin, gå en kurs, lyssna på poddar och radioprogram. Se dokumentärer, serier och filmer. Låt en solnedgång, ett blogginlägg, en mening du överhörde på bussen eller ditt barns framsteg inspirera dig. Det kan vara stora saker som utsikten från ett berg i ett land långt borta eller litet som i din soffa framför en dokumentärfilm om samma berg.

4. Lev ett väl levt liv

Livet är oändligt kort. Det är som en suck när man tänker på hur länge tiden själv har funnits. Jag tänker väldigt ofta på mig själv som en väldigt gammal kvinna. Vad hade hon tyckt om valet jag gjorde. Allra oftast hade hon applåderat och hejat på de livsbejakande besluten. Men hon hade himlat med ögonen åt vad jag i denna ålder ser som läskigt, pinsamt och opassande. Hon applåderar dekadens, livsglädje, kärlek och hade alla dagar i veckan uppmuntrat till livsval som gör livet större och mer. Jag är av uppfattningen att livet bör fyllas och levas så gott det bara går.

5. Känn dig som den vackraste kvinnan i rummet

Bli kvinnan som går in i rummet med en aura av självsäkerhet. En säkerhet som kommer från att hon ser sig som den vackraste kvinnan i rummet. Det gör inte henne varken arrogant eller att hon anser andra kvinnor vara fula. Det är en inre bild som inte påverkar hennes beteende utan bara hennes känsloliv. Den vackraste kvinnan går inte på en fest i urtvättad t-shirt och sandaler. Hon går in i rummet och är fin. Vad fin nu innebär för dig. För mig är det att göra det lilla extra. Lite smink eller fixat hår. En vacker outfit, skor med klackar och de dyraste smyckena. Hon har sprutat sin signaturparfym på handlederna och strålar. Det handlar inte om att vara ytlig. Det handlar om att fira din existens genom att bejaka den. Inte låta din existens svepa förbi helt osynlig.

6. Ta revansch om du känner att du haft en motgång.

Livet ÄR svårt. Det är det för oss alla i perioder av livet. Ingen undkommer sorg, tragedi, krossade hjärtan och svikna löften. Det är en del av att vara människa.

Men som min mamma alltid så vist har sagt. "Antingen går du vidare eller så går du under". Amen mamma! Amen på det utbrister jag! Du kan välja att stanna kvar i motgången, älta den och riskera att fastna i den. Eller så kan du slicka dina sår och sen slå dig ur motgången genom att ta revansch på livet. Se dig själv som en eländig larv som legat i en puppa och nu är redo att shine, shine, shine! En dag spricker skalet och du vecklar ut dina vingar och B-L-Ä-N-D-A-R!

7. Skapa ett liv i lyx

Jag kan säga såhär att mina gener kommer varken från min mor eller mormor. De kommer från min gammelmormor Karla. Där min mamma och mormor är praktiska kvinnor är jag en lyxapa. Precis som Karla. Jag älskar lyx. Lyx som kostar pengar och lyx som inte kostar några pengar alls. Jag har hellre ett dyrt läppstift från Chanel än 20 från H&M. För när jag tar på läppstiftet från H&M är det ett läppstift. När jag tar på ett läppstift från Chanel så är det spänning, hopp, löften om magi och ja, det är ju Chanel! Jag vill ha ett härligt doftljus i varje rum och mjuka lakan i finaste bomull. Morgonjuicen i finglas och strandklänningar med lämpade för "citychicness" än stranden. Jag tror att ett lyxigt liv berikar våra liv. Det skapar mervärde och mening. En frukost blir mindre slentrian om den bara får tre extra minuters förberedelse.

8. Skapa ett elegant liv

Detta är för mig inte detsamma som lyx. Elegans för mig är mindre ytligt. Det handlar om hur du för dig och beter dig. Det handlar om att värdera kultur, allmänbildning och att skapa betydelsefulla möten med människor. Det kan vid en första läsning låta elitistiskt men det är det inte alls. Det handlar inte om att kunna "namedroppa" varenda Nobelvinnare i fysik eller ta 10-poängaren vid varje på spåret-resa. Det handlar om att våga se sig själv som en kvinna med mening. Som någon vars röst är betydelsefull och värd att höras. Det är också så att allt för många kvinnor undervärderar sin egen kompetens. En elegant kvinna skulle aldrig få för sig att sjunka till en sådan nivå. Hon skulle aldrig förminska sig själv. Istället skulle hon stå rakryggad, men sina välmanikyrerade händer och göra sig hörd, sedd, förstådd och respekterad.

9. Bli självupptagen

Nu ska du inte sätta kaffet i halsen. "Självupptagen!?". Det kan väl aldrig vara något bra säger du? Nej, inte om du är en medelålders vit medelklassman. Men om du är något annat än detta så har du min fulla tillåtelse att bli mer självupptagen. När kvinnor är i barnafödande ålder, oavsett om hon har eller inte har barn, så ska den självuppoffrande kvinnan göra entré. Allt det som är viktigt för henne ska nu bort. Nu ska hon vara projektledare för sitt och andras liv. Hon ska hålla koll på födelse-

dagar, räkningar, sparkonton, att gympapåsar ska packas och packas upp, att tacka nej till en brunch för mannen ska spela golf, att hon måste komma ihåg att boka fönsterputs, träffa sina gamla föräldrar och inte glömma bort att osa till barnens sjuttioelva kalasinbjudningar. NEJ STOPP! Det är dags för oss kvinnor att säga till våra familjer att nu tar jag en time-out och så gör man det. Man går hemifrån. Man tar sig tiden. Man släpper kontrollbehov och micromanaging. Varje kvinna bör ha MINST en timme om dagen, två kvällar i veckan och 3 dagar i månaden vigda åt sig själv.

10. Sluta låt din historia definiera dig i nutid

Vi kan aldrig radera vår historia men vi kan välja om den definierar den man är eller om den bara är en parentes i livet. Man kan välja att se sig själv som den sjuka, den ensamma, den lämnade, den mobbade eller så kan man välja att se att sjukdom, ensamhet, svek eller mobbing var något som en gång hände en. Jag möter ofta kvinnor som lever kvar i förflugna kommentarer, dåliga relationer från förr, svikande vänner eller sorg. Det går inte. Ingen kan leva ett väl levt liv under de förutsättningarna. Du ÄR inte ditt förflutna. Ditt förflutna är något som HÄNDE dig.

11. Gör varje dag magisk

Ungefär två tredjedelar från mitt arbete mot mitt hem kommer jag till en rondell.

Vid denna rondell öppnar havet upp sig och året runt är det en magisk scen som utspelar sig framför mina ögon. Det är en av mina många dagliga ögonblick av magi. Ibland är det mitt enda ögonblick och det är också ok. Det viktigaste är att varje dag i något känns magiskt. Ibland kan hela livet kännas så magiskt att man vill spricka av glädje. Ibland är livet så skit att magin ligger i att få lägga sig i sängen och tänka: tack gode gud att den skitdag är över. Det känns magiskt att få sträcka ut min trötta kropp i denna säng och vila mitt ledsna huvud mot denna mjuka kudde. Det är också magi. Magi kan vara vad som helst. Det är det som gör det så speciellt. Du kan välja vad som är magi för dig. Egenodlade grönsaker, ett glas iskallt vatten med isbitar i, en bil som klarade besiktningen eller en extra peng på kontot att köpa dyra skor för.

12. Se dig själv som ett unikt konstverk

Människor är som konst på ett museum. Vi är så många, från olika tider, olika former och uttryck. Vissa tittar på konstverket som är jag och tycker det är det vackraste de någonsin sett. Andra lägger inte märke till det eller på sin höjd tycker att det är OK. Det finns också dem (jag vet, helt jävla orimligt men ändå) som inte gillar konstverket som är jag. Det är för högljutt eller i för skarpa färger. Och en tavla kan restaureras och poleras. Men den kan inte förändras. Tavlans grund är densamma. Det ända sättet att totalt för-ändra tavlan är att förstöra den eller måla över den. Och det går inte att måla över den man är. Man kan slipa på sämre sidor men i grund och botten gör väldigt få människor en total förändring. Man föddes som man föddes. Oavsett om vi talar insida eller utsida. Du är ett unikt konstverk och det tycker jag är något alldeles fantastiskt. Vilken gåva!

13. Bli rik snabbt

Detta är inte en guide på hur man får den första miljonen på kortast tid möjligt. Det handlar om rikedom i pengar och rikedom i livet. När vi pratar om rikedom i pengar så har jag alltid sagt att det är först när en kvinna har egna pengar på fickan som hon är fri på riktigt. Därför är det otroligt viktigt att ha koll på sin ekonomi och se till att man har ett fuck-off kapital. Varje kvinna bör ha pengar nog för att kunna lämna en dålig relation, ett dränerande arbete eller en dålig livssituation. Och varje hundralapp som man sätter in på ett sparkonto gör dig rikare. Varje dag är du lite rikare än dagen innan. När det då kommer till rikedom i livet så handlar det om mitt livsmotto "se allt det du har istället för allt det du inte har" och "se allt det du är istället för allt det du inte är". Tro mig, med det tankesättet kommer du omedelbart känna dig otroligt rik.

51

Åsa är inte bara en glädjesprutande rosévinsexpert, hon är också en framgångsrik entreprenör som valt att leva livet i glädje och frihet. Hon är född i Västerås men är idag bosatt i Kristianstad och inspirerar flera generationer runt omkring henne, med hennes till synes outsinliga engagemang.

Åsa Scharin

"Jag vägrar att dö på en tråkig dag!"

Åsa Scharin

Jag är född och uppvuxen i Västerås. När jag var liten så trodde jag faktiskt inte på att jag hette Åsa, jag var övertygad om att jag hette Sötnos. Det var ju det mina föräldrar kallade mig hela tiden! Jag var egentligen väldigt blyg som liten, något som folk i min omgivning idag har väldigt svårt att förstå - jag, blyg?! Men jag var faktiskt det, och faktum är att jag fortfarande är blyg. Skillnaden idag är att jag däremot har lärt mig att hantera det på ett sätt som gör att jag är förberedd på människor. Då blir jag istället jättesocial. Om jag är ensam hemma och en person jag inte känner skulle ringa på dörren så skulle jag inte ens få för mig att gå och öppna - där och då är jag ju inte beredd. Det är nog många som har svårt att tro det om mig, det är ju inte blygsamhet som jag utstrålar. Men får jag bara förbereda mig på situationen eller umgänget så klarar jag av att hantera läget.

Som sagt så var jag väldigt blyg som barn och jag hade inte så speciellt många kompisar runt mig heller. Jag minns speciellt en klassträff för några år sedan, jag stod då med en gammal vän och pratade - jag beklagade mig lite över att jag inte hade haft någon vidare kontakt med någon från klassen. Då kollade han på mig och sa: "Men Åsa, du mobbade ju hela klassen så det är väl inte så konstigt?" Då sa jag: där har du faktiskt fel, det är omöjligt! Per definition så är det inte så att EN person kan mobba 29 andra barn, så det så! Men jag har funderat på det där, kanske kunde det uppfattas så. Dels var jag blyg, men jag var också väldigt noggrann med min omgivning. Om folk inte passade ihop med mig - så sket jag i dem helt enkelt. Då fick det vara! Så är det nog fortfarande. Jag tänker alltid att om människor inte har något vettigt att säga så kan de faktiskt hålla käft…

Åsa skrattar till.

Jag tror därför att jag är ganska lik mig fortfarande, jag känner igen mig som barn i hur jag är nu som vuxen.

Som barn var jag väldigt duktig i skolan, jag satt alltid längst fram i klassrummet och min hand var i luften jämt och ständigt. Så var det genom hela min skoltid.

Men om vi backar bandet lite så flyttade hela familjen till Helsingborg när jag var ett år gammal, där blev jag döv!

Jag tittar på Åsa och känner mig nu väldigt förvirrad. Döv, frågar jag? Vad menar du?

Jo, det sa mina föräldrar. Jag slutade reagera på ljud och omgivning helt plötsligt. Det slutade med att mina föräldrar besökte en barnläkare för att undersöka mig. Läkaren sa då att det berodde på det skånska vädret som innehöll mycket blåst och fukt - det är det som har gjort er dotter döv! Han uppmanade då mina föräldrar att flytta tillbaka till Västerås, för då trodde han att min hörsel skulle komma tillbaka. Så vi packade och återvände - och min hörsel kom tillbaka!

En liten parentes till det är när jag själv för något år sedan besökte en läkare på grund av att jag hade fått tinnitus, förmodligen beror det på stress och kanske flera av dem bokstavskombinationer som finns i min livliga personlighet! *Åsa skrattar till igen.* Men jag berättade denna historia för läkaren och gemensamt bestämmer vi att vi ska kolla hörseln igen. Men jag hörde perfekt! Då sa läkaren till mig att nästa gång hon får in en patient med nedsatt hörsel så ska hon råda dem till att flytta till Västerås!

Den här sortens historier präglar egentligen hela mitt liv. För det är nämligen så att mitt liv har ständigt varit kantat av dessa olika roliga historier. Det är helt fantastiskt! Det händer ständigt något i mitt liv som är så roligt att man bara skrattar ihjäl sig.

Men som sagt så flyttade vi tillbaka till Västerås och där fick jag min första bästis - Elisabeth Rosén. Jag var nog omkring sex år när jag försökte dränka henne i en fontän. Ja det är faktiskt sant, *säger Åsa och ler med handen för munnen.*

Det här var utanför ICA-butiken i Västerås. Det var nämligen väldigt viktigt på den tiden vad ens pappor jobbade med. Vi började dividera om vems pappa som hade det bästa jobbet. Min pappa var ingenjör, men Elisabeths pappa var minsann polis. Jag blev så fruktansvärt arg på henne. Jag höll inte med om att hennes pappa var bättre än min pappa så jag puttade ner henne i fontänen. Hon drunknade inte - och tur var väl det. *Jag brister ut i skratt, Åsa tittar på mig och säger skrattande:* Ja nu när jag tänker efter så var det kanske inte så konstigt att jag inte hade så många vänner runt mig.

Vi samlar oss och torkar bort våra skrattårar. Åsa fortsätter:

Det finns faktiskt en annan gång som vi

blev riktigt osams och det var när vi båda hade lärt oss vad som krävdes för att en mamma och en pappa skulle skaffa barn. Det var ju jätteäckligt! Det vi blev osams över då var att jag bara hade ett syskon - medan Elisabeth hade två syskon - vilket betydde att hennes föräldrar de facto hade gjort det där hemska en gång mer än mina föräldrar!

Jag och Elisabeth höll ihop ganska länge men sen precis som med alla andra barn så går man ju på olika håll i livet och då är det lätt att tappa kontakten.

Jag vill att Åsa berättar lite mer om hennes ungdom, hur var hon egentligen? Förutom en som mobbade 29 andra barn...

Jag var nog ganska "egen" egentligen. Jag ville absolut inte se ut eller vara som alla andra. Jag minns att det blev väldigt populärt att ha blåa jeans på sig, alla skulle ha det. Men det vägrade jag - så jag började använda kjol istället. Så har det egentligen alltid varit för mig, och det är nog samma anledning till att jag vägrar att spela padel...

Det går bara inte. Det var samma sak när golfen blev så väldigt populär. Jag fick då ofta frågan om inte jag spelade golf? Nej, svarade jag då - det har jag folk till. Då ser jag framför mig hur jag sitter på en stol och har någon som går på banan och spelar åt mig. Hur kul som helst!

När jag gick på gymnasiet så läste jag humanistisk linje, och det är nog första gången som jag har blivit lite skoltrött. Efter gymnasiet så bestämde jag mig för att bli lärare. Men jag kom bara in på lärarutbildningen i Uppsala - där gick alla mina gamla klasskamrater så där ville jag absolut inte gå. Jag hade egentligen ett annat alternativ förutom att bli lärare, och det var att söka in på journalistprogrammet. Men jag kände direkt att jag skulle bli slaktad där. På den tiden präglades journalistprogrammet av människor iklädda Palestinasjalar och stora stövlar - jag gick omkring i Lyle & Scott-tröjor, pärlhalsband, korta kjolar och mörkblåa mockapumps - du hör ju hur det hade blivit...

Redan under gymnasiet så fattade jag tycke för att skriva och uttrycka mig. Min teori i livet är att det blir som det ska bli. Jag tror inte att det gör något om man går en omväg till sitt slutmål ibland.

Efter några år så började jag studera ekonomi och marknadsföring. Till slut så hamnade jag i förlagsbranschen. Till en början jobbade jag på ett mindre förlag som gav ut tidningar för olika företag. Mitt ansvarsområde då var bland annat en tidning som gavs ut för Diners Club (kreditkortet). Tidningen gavs ut till alla deras medlemmar i hela Norden, den trycktes från Danmark. I Danmark, till skillnad från i de andra nordiska länderna, så var det tillåtet att göra reklam för alkohol och tobak. Det innebar att jag tillsammans

55

med min kollega åkte till Cannes en gång om året för att besöka Duty free-mässan. Där gick vi omkring och levde loppan kan jag säga. Jag älskade det.

Efter det så flyttade jag till Oslo för att börja jobba på Allers förlag. Ett av de starkaste minnena jag har från Oslo var när jag startade ett medialt krig mot den svenska ambassaden i Oslo.

Det var nämligen så att när jag bodde i Norge under 80-talet så var det val till Sveriges riksdag. Valet skulle hållas i september som vanligt och i augusti så ringer jag till den svenska ambassaden i Oslo. En man svarar och frågar vad mitt ärende gäller. Då frågar jag enkelt hur man egentligen gör, som utlandssvensk, för att få rösta i det svenska valet i september? "Nja", svarar han. "Det är inte så enkelt. Man måste ansöka om att bli antagen i särskild röstlängd, och det skulle du i så fall gjort i mars månad."

Jaha, säger jag. Och när fick vi information om detta egentligen? Har vi fått hem något brev om det? "Nej, sa han. Vi skickar ingen information om det. Vi vet ju inte var ni bor! Jag kan inte hjälpa dig, du får vända dig till Skatteverket." Så det gjorde jag.

Svaret jag fick av Skatteverket var att vi svenskar som bodde i Norge i princip var skattesmitare - Suck! Men iallafall, jag blev då än mer förbannad och ringde direkt till Aktuellt-redaktionen och sa: ni måste omedelbart skicka ett TEAM!

Detta är fruktansvärt! Jag kommer samla alla svenskar jag känner som bor i Norge, och ni ska intervjua dem. Vi möts utanför stortinget. Jag regisserade alltihopa. *Åsa skrattar igen.* Aktuellt kom som bestämt och det blev ett inslag av det hela där vi står och ropar att vi kräver våra medborgerliga rättigheter!

Tyvärr fick vi inte rösta det året. Men jag bodde kvar i Norge när nästa val skulle gå av stapeln. I januari det året så ringer jag till ambassaden. Jag ber dem att skicka 200 av dessa blanketter som krävdes för att få rösta i det svenska valet. Då svarar mannen i luren: alltså, den lagen är ju ändrad nu. - Det blev så mycket bråk inför förra valet...

Jag tackade och lade på luren. Vi fick rösta! Så kan det gå. Det är något jag faktiskt är riktigt stolt över. Jag har nog inte lyckats att bli så arg sedan dess. Denna händelse har betytt väldigt mycket för mig, det har fått mig att tro att jag kan åstadkomma vad som helst. Jag tror att alla människor behöver känna så någon gång i livet. Tänk vad en människa egentligen kan göra - alla kan göra skillnad! Man behöver bara ge sig fan på det. Man måste tro på sig själv.

När jag flyttade hem från Oslo så ringde jag till ICA-Kuriren. Jag berättade vem jag var och sa - Nu ska jag flytta hem från Oslo, och om ni vill så har ni chansen att anställa mig. Och tar ni inte den chansen så flyttar jag till Stockholm och börjar jobba för ett annat förlag.

Vilken självsäkerhet tänker jag. Fler borde våga vara lite mer som Åsa.

Jag fick jobbet på ICA-Kuriren och där var nämligen Birgitta Rasmusson (som medverkat i Hela Sverige Bakar och Chef för ICAs provkök.) Där testlagades allt som kom ut som recept i tidningen. Birgitta och jag blev arbetskamrater, och den kvinnan var bara helt underbar och så rolig så det var inte klokt. Vid ett tillfälle så sa jag till henne: fy fasiken Birgitta, när du bullar upp dina gigantiska bröst på någon man som bråkar med dig - då blir de ju knäpptysta!

Åsa skrattar igen. Jag minns att jag hade med henne i ett uppdrag jag gjorde för Kristianstad Kommun som hette Spirit of food och jag tog in Birgitta som konsult! Jag skulle hämta henne på Kristianstad Airport. När planet anländer så ser jag Birgitta på väg ned från trappan iklädd lila nätstrumpor och dessa pondusfyllda bröst. Då ropar jag till henne: fasiken Birgitta, vad du är LÄCKER!

Hon gjorde det till sin grej - att brösta upp sig. Man "jiddrade" inte med henne. Hon var så cool.

Tidigare nämnde jag att mitt liv alltid har varit kantat av roliga händelser, men får poängtera att mitt liv, precis som många andra kvinnors liv, också har innefattat trakasserier. Det var något som jag inte tänkt på förr, men det är något som jag har börjat reflektera över mer nu. Det berodde nog mycket på att METOO spred sig och då blev man tvungen att både som man och kvinna börja reflektera över det.

Jag fick omvärdera mig själv lite, för mig har aldrig sexuella trakasserier varit något problem, då jag inte tagit vidare illa upp kring det. Jag har sagt skit på dig, sluta! Ofta tänkte jag att men "va fasiken", varför säger inte dessa kvinnor bara ifrån? Det var nog första gången som jag insåg att alla kanske inte är som jag? En del kan inte säga ifrån, men jag har alltid gjort det...

Vi diskuterar varför vissa kvinnor inte vågar säga ifrån, medan andra som Åsa, inte verkat reflektera över det, utan istället direkt säger ifrån och står på sig. Kan det ha att göra med att man ibland speciellt som ung kvinna hamnar i en situation - kanske i ett nytt jobb - där man inte vill göra en scen, för då kanske man helt enkelt blir av med jobbet? Eller blir utskrattad?

Jag tror absolut att mycket av problemet kan ligga där, att man som kvinna inte vågar säga ifrån just för att rädslan är starkare än modet. Däremot tror jag att många fler skulle komma undan sexuella trakasserier om man vågar säga ifrån. (Inte våldtäkt och andra grova övergrepp såklart, det är en helt annan fråga). Men vägen dit är inte alltid enkel.

När jag började jobba på ICA-kuriren

som marknadschef utsattes jag för något som jag inte var bekväm i. En högt uppsatt man tog in mig på hans kontor för att vi skulle sätta ihop en reklamkampanj tillsammans. Jag lade upp det utskrivna förslaget på hans skrivbord och lutade mig fram mot det för att peka på något. Helt plötsligt ställer han sig bredvid mig och smäller till mig på rumpan. Jag blev ju väldigt chockad såklart. Jag vände mig mot honom och tittade på honom. Då säger han: "Ursäkta mig, det där kanske jag inte skulle ha gjort." Jodå - för all del, svarar jag ironiskt. Jag tycker det är för lite sexuella övergrepp från männen på detta företaget!

Jag trodde att han skulle få en hjärtattack och trilla ner på golvet framför mig. Han var inte beredd på den responsen, men uppenbarligen förstod han vad jag tyckte om att han tog sig friheten att ta på min rumpa för han behandlade mig med den största respekt från den dagen…

Jag tror att vi kvinnor måste våga sätta hårt mot hårt om vi bemöts på något förminskande sätt. Om man sitter på ett möte och någon kallar en för "lilla gumman" eller något annat respektlöst, våga då nästa gång du får ordet säga "lilla gubben" och se hur de reagerar. Jag tror inte det är så roligt för dem direkt - men förmodligen så gör de inte om det.

Jag tänker att - om man blir arg och rasande - så förlorar man. Även hur rätt man än har, så ska man inte vara rädd för att trycka till på andra sätt. Men det gäller i alla utmaningar man möter i livet, tror jag.

Om du kan hålla dig behärskad så går du ut som vinnaren. Nummer ett är egentligen att ha en bra självkänsla där du känner att: det här accepterar inte jag! Det är inte alla som har det. Det allra viktigaste är att ingen får göra något mot dig som du inte är bekväm i.

En annan händelse som jag tydligt minns var när jag var med jobbet på en konferens. Det var väldigt mansdominerat på den arbetsplatsen. Vi bodde på ett hotell - jag och alla män. Det blev dags att gå och lägga sig, jag går upp på mitt rum och gör mig i vanlig ordning färdig för sängen. Plötsligt knackar det på dörren, utanför står en av mina manliga kollegor - spritt språngande NAKEN!

Åsa blir tyst, jag frågar henne vad man gör i en sådan situation?

Jag tittade på honom nedifrån och upp, sen smällde jag igen dörren framför näsan på honom. Jag behövde inte säga något - det var inte jag som skulle skämmas. Inte heller var det jag som skämdes på den gemensamma frukosten dagen efter. Hade han kunnat försvinna från jordens yta där och då, så hade han gjort det. Visst hade jag kunnat gå till chefen och berätta och det kanske jag hade gjort om han hade fortsatt, men det behövdes inte. Han förstod mitt tydliga budskap - Jag var INTE intresserad.

Jag tror att man ständigt lär sig något nytt. Man kan lära sig att behärska sin blyghet, man kan lära sig att säga ifrån när någon tar sig friheten att behandla dig som skräp. Allt handlar i slutet av dagen om att lära sig att älska sig själv. Är det något man bör lära sig, så är det just det. Man måste tycka att man är så bra att ingen ska få göra något mot dig som du inte vill. Man är värd en bra partner, man är värd att ha ett bra jobb och man är värd att få vara lycklig!

Jag har en väninna som varje gång hon ringer till mig säger: "Hej, det är 'bara' jag. Nej, säger jag då. Det är inte "bara" du. Jag är jätteglad att just du ringer.

Åsa tittar på mig och säger: har jag berättat någon gång för dig när jag gick ner på deltid fast att min chef inte visste om det? ***Nej svarar jag, otroligt nyfiket.***

När jag jobbade på ICA-förlaget så arbetade jag väldigt intensivt och kände att jag var otroligt duktig på mitt jobb. När det väl var dags för löneförhöjning så tänkte jag att jag minsann var värd några tusenlappar mer i månaden. Till slut blev det

dags att gå in till chefen och löneförhandla. I och med att vi jobbade på ICA så gick vi under handelsavtal - därför kunde han bara erbjuda mig 273 kronor mer i månaden…

Jag blev såklart väldigt missnöjd. Chefen menade på att han inte kunde göra något åt det, men det vet jag att han hade kunnat.

Jag gick ut från hans kontor och bestämde mig för att det är dags för mig att säga upp mig. Jag tänkte inte jobba en enda minut mer på det skitföretaget. Jag gick hem och tanken slog mig: men vänta nu? Det här är ju ett jätteroligt jobb. Visst, jag jobbar mycket och jag presterar väldigt högt. Men om jag säger upp mig, så kommer ju någon annan få min plats och ta allt detta roliga ifrån mig…

Samtidigt kände jag mig så förnedrad. Då kom jag på det!

Jag bestämde mig för att bara jobba fyra dagar i veckan, istället för fem. Men under dessa fyra dagar skulle jag jobba lika hårt som om jag hade jobbat fem dagar. Men på fredagen - då gav jag mig själv ledigt. Då åkte jag till Stockholm och shoppade. Jag räknade då ut att jag hade fått 20% mer i lön! Jag insåg snabbt att ingen märker om jag ger 110 % i det jag gör. Ingen märker det, mer än du själv. Jag var uppskattad och gjorde mitt arbete noggrant. Ingen klagade på mig.

Två år senare kom min chef in på mitt kontor och berättade att mina kollegor började undra varför jag var i Stockholm så ofta? Gör de, sa jag? Men då kan de ju fråga mig om det! Då reste sig chefen upp och gick. Sen var det slutsnackat om det.

Flera år efter att jag slutat på ICA-förlaget berättade jag för min chef om min egna "deltidsplan". Han blev helt chockad. Han hade inte märkt det. Kanske bevisar det något…

Efter åtta år på ICA-förlaget bestämde jag mig för att sluta. Jag kände att det blev för mycket till slut. Jag hade ingen möjlighet att bestämma över mitt arbete, jag fick hela tiden tider för möten att anpassa mig till som jag egentligen kände oftast var ganska onödiga och inte så effektiva.

Jag ville forma mina dagar själv och jag trivdes bättre med det helt enkelt. För det är så, desto högre position du har, desto mindre äger du ditt liv - punkt. Då handlar det om vad som är viktigt. Position och makt har aldrig betytt något för mig. Det var ingen bonus att ha ett fräckt jobb.

I förlagsvärlden var ICA-Kuriren på den tiden den häftigaste tidningen när det kom till marknadsföringsbudget – vi slog Bonnier och de andra förlagen med hästlängder. När min företrädare lämnade jobbet så sa han till mig: "Åsa, nu är det du som 'äger.' Alla som vill dig något ska veta att du har mest pengar att hantera. Du ska inte ställa dig på knä, tvärtom." Då svarade jag: det är ju ICA-Kurirens pengar, inte mina!

Men för honom så blev det någon sorts

maktposition. Jag kände inte så, jag hade inte det maktbehovet. Jag har aldrig haft det heller. Men där är man ju olika och jag har full respekt för dem som tycker att titlar, positioner och makt är viktigt. Vissa drivs av och utvecklas genom det. Faktum är att det är viktigt att vi har människor som drivs av högre position och bättre titlar - de driver ju faktiskt samhället framåt. Men jag skulle aldrig kunna sitta som VD i något stort företag... Ekonomiska rapporter och sånt - nej jag hade inte stått ut en sekund.

Jag påpekar för Åsa att jag ser en röd tråd, jag frågar henne om det handlar om att hon vill ha friheten.

Ja, *säger Åsa bestämt.* Så är det, frihet är min drivkraft.
Men jag tog inte steget att sluta förrän min kollega ringde till mig en dag, en fredag rättare sagt. Hon frågar då mig om inte det är dags att hon och jag startar något eget nu?
Men då svarade jag att jag inte var färdig med ICA-Kuriren än... Men på måndagen därpå ringde jag upp henne och sa: så, nu är jag redo!

Jag sa upp mig och sedan startade hon och jag ett eget företag. Egentligen hade jag länge gått och tänkt på att jag ville ha ett eget företag. Det grundar sig nog i mitt tänk kring frihet. Men jag var osäker, vad skulle jag egentligen göra? Men när min kollega ringde, så kände jag efter några dagar att det var ett tillfälle jag inte skulle tacka nej till. Jag tog chansen!

Egentligen har jag alltid haft tre mål med mitt egna företag, Ett: jag skulle få sova tills jag vaknade av mig själv. Två: jag skulle bara jobba med människor som jag tycker om, och tre: jag ska kunna jobba varifrån jag vill.
Frihet och självständighet. Nu är alla tre målen uppfyllda, det är faktiskt jättehäftigt.

Egentligen handlar allt om att jag vill ha roligt i mitt liv och det har jag!
Varför ska man vilja ha tråkigt? Jag har alltid sagt att jag VÄGRAR att dö på en tråkig dag. Jag får kämpa hårt att hålla ut. *Åsa skrattar.* Jag vill njuta av varenda minut. Jag vill vara glad och lycklig - det genomsyrar precis allt.

Man måste tro på sig själv, man kan inte gå runt och göra sig själv besviken. Då är man inte sann mot sig själv, man är inte sann mot barnet inom sig. Jag tänker ofta på det, att jag inte vill göra unga Åsa besviken. När man är barn så har man en fantasi, ett driv samt nära till skratt, till lek och till lycka. Varför ska vi växa ifrån det? När jag städade där hemma en dag, så hittade jag en berlock som jag inte haft framme på många år. I den berlocken finns en bild på mig när jag var ungefär tre år gammal. Jag ler brett med okammat hår.

I några dagar gick jag och tittade på bilden. Plötsligt insåg jag att jag faktiskt inte svikit flickan på bilden. Det gjorde mig stolt.

Ett kvitto på det fick jag en dag när grannfrun kom in för att berätta en sak till mig. Då berättade hon att hon hade varit ute i trädgården med sin son en dag när min man Jonas åkte iväg till jobbet. En liten stund senare så kommer jag promenerades förbi, varav sonen säger: "Men, får Åsa verkligen vara ensam hemma?" "Ja", säger mamman fundersamt. "Vad menar du?" "Men hon är ju bara ett barn", säger sonen då. *Åsa skrattar, jag också.* Det är väl fantastiskt, så jäkla roligt! Men jag blev ju ändå stolt. Det handlade ju inte om ålder och utseende för honom, det ser ju inte barn. Det handlade ju om hur jag är mot honom. Jag tänker så oerhört mycket, jag älskar att tänka.

Jag har nyligen sett dokumentären "Våra barns hemliga liv" på SVT. Jag älskar den. Där och då kom jag på en teori: jag har alltid tyckt om barn och är ju någonstans också ett barn - men jag har aldrig velat ha barn själv. Jag tänkte på det då häromdagen, att jag kommit på varför jag inte velat. Jag känner bara en enda kvinna som har barn som har lyckats behålla sitt egna barnasinne, alla andra har tvingats bli vuxna så att de inte längre bejakar barnet inom sig. Det blir mycket ansvar. Jag tror det är det som har skrämt mig. Det får inte bli så, att man inte längre kan

Berlocken med bilden på Åsa som barn.

vara rolig och själv vara ett barn ibland. Jag tycker det är superviktigt.

Men summa summarum: lycka är något jag vill ska fylla mitt liv. Jag vill inte dö på en tråkig dag, och på tal om döden: varför ska den behöva vara så grå? En idé väcktes nämligen till liv när jag och min väninna Pia satt med varsitt glas champagne i handen efter en mysig middag. Vi började prata om döden – inte för att man vill dö, men någonstans inser ju de flesta att vi alla den vägen ska vandra. Pia sa då till mig hon vägrar att dö om inte någon tar fram en rosa kista, en med plats för champagneglaset och handväskan! De där beigea

64

kistorna som finns nu är ju så tråkiga. Jag kunde inte annat än att hålla med.

Vi ägnade resten av kvällen åt att fantisera om denna mera hoppfulla kista.

Några veckor senare satt jag på en middag tillsammans med Amelia Adamo, vår fantastiska "mediadrotthing" och upphovskvinnan till tidningar som Vecko-Revyn, Amelia och M-magasin. Hon undrade vad jag gjorde nu för tiden (vi lärde känna varandra under min tid som marknadschef för ICA-Kuriren).

Entusiastiskt började jag berätta om idén – en snygg, rosa kista, som inte skulle vara lika sorglig som de kistor som finns idag. Amelia lyssnade intresserat. Några månader senare ringde en journalist från Expressen till mig. "Vad är det du håller på med i ditt företag, egentligen", undrade han? Jag var helt oförstående och bad honom förklara sig. Amelia Adamo är gäst-

krönikör i Expressen på lördag och hon skriver att hon tänker bli begravd i en rosa kista och att det är du som gör dem…

På lördags morgonen rusade jag till närmaste butik för att köpa Expressen. Och där var den. Krönikan. På mittuppslaget och med rubriken: "Jag tänker bli begravd i en rosa kista med fluff". Jag kände kallsvetten rinna längst med ryggraden. Hur skulle begravningsbranschen – och Svenska Kyrkan – reagera på detta?

Det fick jag klart för mig när jag tidigt på måndagen blev uppringd av en medarbetare på SBF – Sveriges Auktoriserade Begravningsbyråer. Hon hade läst krönikan och undrade om vi kunde ta en lunch och resten är, som man brukar säga, historia. Vi har sedan 11 år tillbaka ett härligt samarbete med SBF, som ensam leverantör av våra kistor (Angelbox), urnor (Angeldust) och gravstenar (Angelheart).

För jag tror att döden inte bara är slutet – det också är början på något annat…

65

Anna-Lena

Brundin

Anna-Lena är född och uppvuxen
i Lund och har gjort en karriär
som skådespelare, Stand-Up artist,
författare och musiker. Hon är
aktuell för många generationer
eftersom hon tillsammans med
sin kollega skapade två kända
karaktärer under 80-talet: Nancy
och Carina men även genom
att hon spelade huvudrollen i
"Mysteriet på Greveholm" som
kom att bli en av Sveriges mest
uppmärksammade julkalendrar.

"Humor har man alltid nytta av"

Anna-Lena Brundin

Jag föddes i vädurens tecken, i det lilla "Råttboet" i Lund. "Råttboet" var ett rum i min farfars lägenhet som var döpt efter hur litet och stökigt det rummet alltid var. Vi hade det ganska fattigt när jag växte upp så mina föräldrar bodde hos min farfar i hans lägenhet. Den lägenheten finns fortfarande kvar inom familjen, och "Råttboet" är lika stökigt än idag.

Min mamma finns tyvärr inte med oss i livet längre, men min pappa bor numera i Las Palmas. När han är i Sverige så bor han faktiskt inne i "Råttboet". Det ser fortfarande förjävligt ut där inne, du skulle bara sett det! *Säger Anna-Lena och skrattar.*

Jag föddes faktiskt på samma dag som min farmor begravdes, det var den 12 april under fikan efter begravningen som alla gäster fick reda på att jag hade kommit till världen. Min farmor Anna hade själv fött fyra söner så de önskade så mycket att jag skulle bli en flicka. Jag var därför väldigt önskad av hela släkten. När jag som spädbarn kom hem till farfar för första gången

så slogs farfar och mina farbröder om vem som skulle få hålla mig först. Jag tror att det var lyckan över att jag hade kommit till världen blandat med sorgen över farmor Anna som grodde detta behovet av kärlek.

Mitt första år i livet bestod just av det - kärlek. Jag tror att det har gjort mig väldigt gott. Jag vill tro på det goda i alla lägen och vill se det goda i alla människor. Sen får man såklart en käftsmäll ibland när det visar sig att man varit lite för blåögd, men jag tycker att det är värt det ändå.

Men mitt första år i livet bestod även av en tragedi för min familj, jag var väldigt nära på att dö. Min mamma kunde inte amma mig, hon kämpade så in i det sista med det. Men tillslut så blev jag inlagd på sjukhus och fick dropp och tillfrisknade. Jag växte sedan upp och hade en ganska brokig uppväxt. Min pappa var bara 22 år när jag föddes, du vet en pojkstolle med krylligt hår och finnig hy! Han kunde inte börja studera när mamma blev gravid, men han var ju tvungen att försörja familjen - så han hade tre jobb samtidigt. Han jobbade på kontor, han delade ut tidningar, han var gatuarbetare och sedan säljare. Han insåg då ganska snabbt att han var en bra försäljare så han sa upp sig från alla sina andra jobb och började sälja på marknader.

Det känns som vi alltid var på marknader när jag var barn - alltid! Eftersom pappa jobbade där så åkte hela släkten dit så fort vi kunde. Jag tror också att min uppskattning till turnéer föddes där och då. Jag behöver inte ett släp bakom en Volvo packad med alla min prylar jag ska stå och sälja Det jag säljer har jag ju i "flabben!" Pappa är rätt avundsjuk på det faktiskt. *Säger Anna-Lena och ler.*

Egentligen har jag ju redan som knatte varit runt i Sverige och mött publiken. Så att åka på turné och träffa nya människor har alltid varit ganska så naturligt för mig. På sätt och vis tog jag efter mycket av min pappa. Jag var pappas flicka. Jag minns att jag redan som fyraåring följde med pappa på jobbet en dag. Då tänker väl du: jaha men det är väl inget udda? Nej, kanske inte. Men som jag sa innan så hade pappa flera jobb och just då lade han asfalt! - Jag satt i den asfaltsbilen en hel dag, och jag fick såklart väldigt ont i ryggen så därefter ville jag verkligen inte följa med fler gånger.

Mamma hade en väldigt rolig humor. Hon var från Småland och hade verkligen en kolsvart humor. Hon fick oss att skratta åt det allra mörkaste i livet. Det kunde vara folk som kanske dött på något udda sätt till exempel någon skada som skett väldigt komiskt... Men hon ville nog förmedla humor och glädje i allt. Det blir någon slags räddning när livet känns mörkt och jobbigt. Mammas humor har jag snappat upp, och den har jag haft väldig nytta av i min karriär. Jag har väldigt nära till humor och skratt, vilket behövs när man jobbar med Stand-Up.

Väldigt tidigt, redan i tredje klass, så märkte jag att jag kunde få folk att skratta. När det vankades roliga timmen så hade jag i början på veckan alltid skrivit en pjäs som jag framförde inför klassen. Samtidigt skrev jag på en roman: "Det främmande huset" - det var en deckare. Nästan hela klassen var med i den boken. Sedan skrev jag även massvis av låtar som min fröken Inga Andersson plockade fram melodier till på pianot. Det var urlöjliga texter! Men så ska det ju vara när man är barn.

Sådär höll jag på hela min barndom. Jag dansade balett fem dagar i veckan, jag tog sånglektioner och pianolektioner. Ja, teaterlektioner också! När jag sedan började gymnasiet - Katedralskolan i Lund - så fanns där en revygrupp som jag var med i. Jag var där alltid, verkligen alltid! Jag var först dit och sist ut.

Efter gymnasiet så sökte jag till scenskolan, men där kom jag faktiskt inte in. Jag blev helt knäckt. Det var som att bli dumpad av en stor kärlek - jag skulle ju jobba med detta?! Men det komiska i det är att det var då som jag träffade Lill-Marit Bugge, den helt galna och fantastiska norskan som sedan kom att bli min kollega.

Under gymnasiet så hade jag en klasskamrat som hette Mats Becker, han spelade saxofon och var väldigt "punkig".

Idag är han fotograf på operan i Stockholm! Han var väldigt kreativ och vi var väldigt bra vänner han och jag. En kväll skulle vi på en fest tillsammans och med sig dit hade han Lill-Marit. Lill-Marit hade följt med honom från en spelning i Norrköping hela vägen till Lund. Under festen så styrde jag ihop ett litet rollspel där jag spelade "fröken Jansson", en annan kille var "pastor Jansson" - och sen vigde vi Lill-Marit och Mats. De blev så inspirerade av denna vigsel så dagen efter festen gick de och gifte sig borgerligt på riktigt! De var gifta i ett år och bodde tillsammans i Lund.

Lill-Marit var helt galen. Hon gjorde massa vilda saker, hon sprang runt med clownnäsa i centrala Lund på lördagarna. Helt plötsligt fick hon för sig att starta en stor Festival of Fools. En sådan festival fanns redan i Amsterdam, men nu ville Lill-Marit skapa en i Sverige. Det hela slutade med att Lill-Marit åkte in till akuten med magsår - det var ju ett jädrans jobb att få ihop en hel festival! Där var artister över hela världen, jag tror inte vi var förberedda på det riktigt.

Under denna perioden så bodde jag i en liten etta i lund, men den hade tydligen Lill-Marit lovat bort till en amerikansk clown som skulle bo i den under festivalen... Så då fanns det inget annat val än att jag flyttade till Lill-Marits lägenhet som hade tre rum! Men hennes lägenhet var mycket bekvämare än min. Jag hade kallvatten, utedass och inget riktigt kök. Lill-Marit hade dusch och toalett - där var allt man behövde och lite till tyckte jag! Så jag stannade där, på heltid och vi blev sambos.

När jag flyttade in hos henne så blev vi nära vänner och började samarbeta ihop. Vi skapade en grupp tillsammans som hette Lunds Frivilliga Teatersällskap. *Anna-Lena skrattar.* He he, det var bara vi två... Men vi uppträdde en del på olika beställningsjobb. Året var 1979 och i samma veva träffade jag även min nuvarande sambo - Jan Sigurd (Men jag kallar honom för Sigge). Jag mimade väldigt mycket under denna tiden. Sigge såg mig då på torget i Lund när jag stod och mimade.

En kväll när jag stod på Restaurang Spisen i Lund - så kom han fram till mig och ganska snabbt därefter blev jag blixtförälskad i honom. Vi var tillsammans i sju veckor för sedan gjorde han faktiskt slut med mig. Han tyckte jag var väldigt omogen - för jag sa egentligen ingenting. Jag var blyg i hans närvaro. Han verkade vara så smart och vuxen så jag vågade inte säga så

69

*Jan "Sigge" Sigurd och
Anna Lena Brundin*

mycket, jag tänkte att om jag öppnar min käft så avslöjar jag hur dum jag egentligen är. Det var bättre att vara tyst och mystisk!

Jag och Sigge var ifrån varande i 33 år, men nu är vi tillsammans igen och lever ihop. Vi har jättemycket gemensamt! Nu är jag inte lika tyst längre. ***Anna-Lena skrattar.***

Så året 1979 hann det hända mycket för mig. Både roligt men också sorgligt. Inte nog med att Sigge gjorde slut med mig, utan några månader innan nyårsafton samma år så hade jag hunnit förälska mig i på nytt, i Magnus. Vi var några vänner som åkte till Köpenhamn på nyårsafton, Lill-Marit var med. 1980 var i antågande och vi stod på rådhusplatsen och räknade ner sekunderna till det nya året. Mitt i allt påbörjas ett bråk, en Whitepower-grupp börjar misshandla några invandrare. Magnus står inte ut och väljer att gå mellan bråket. Då blir han knivhuggen i hjärtat, och dör i min famn. Han hann inte uppleva det nya året.

Mitt liv blev väldigt svårt därefter. Det

70

var en fruktansvärd tragedi. Jag visste inte hur jag skulle ta mig ur sorgen. Lill-Marit som såklart också påverkades hårt av händelsen föreslog en dag att vi skulle flytta till Berlin. Vi ville helt enkelt fly sorgen. Så vi flydde allt jobbigt genom att flytta till Berlin.

Vi hade bara 1500 kronor med oss i kontanter. Vi kunde ingen tyska men vi var fast beslutna om att vi skulle göra karriär! Vi tog in på hotell det första vi gjorde och snabbt var halva budgeten spenderad. Vi fann då en UFA-fabrik där det gjordes tyska filmer under kriget och där bodde vi sen tillsammans med en massa hippies. Vi frågade helt enkelt om vi kunde få bo där tillsammans med dem, och idealister som de var så kunde de inte låta oss sova på gatan. Vi fick två rum, ett sovrum och ett rum vi kunde träna i. I ett stort gemensamt rum bad vi om att få ha vår första föreställning och det fick vi. Det kom en hel del publik och det blev faktiskt en enorm succé. Vi kallade oss för "Teater Génique" Vi spelade då olika karaktärer bland annat "Marja" - den finska lesbiska kvinnan. Hon följde med oss flera år därefter.

Vi fick flera fina recensioner och vi var verkligen så stolta. Vi var där i fem år och i och med att EU inte fanns så fick vi åka hem var tredje månad till Sverige för att stämpla våra pass.

Jag frågar hur det var i Berlin - att vara där under en ganska historisk period -

Berlinmuren stod ju där då.

Ja muren fanns när vi bodde där. De som valde att leva i Berlin fick stå ut med att bo inlåsta helt enkelt. Men där var mycket lägre skatt och man slapp göra lumpen så många konstnärer bosatte sig där just för att slippa att rycka in i det militära.

Kulturen främjades verkligen i Berlin. Vi hade några jäkligt aktiva år där jag och Lill-Marit.

Vi jobbade bara kvällar och helger. Man åt middag runt 21.00 sen klockan 01.00 gick man ut och träffade nytt folk varje kväll. Sen slutade det med att alla åt frukost tillsammans, för att sedan skiljas åt och aldrig mer träffas. Man tog inte varandras telefonnummer eller adress eller så. Det är faktiskt en riktigt härlig tid att blicka tillbaka på. Men sen såklart så var det tufft för mig och Lill-marit att ständigt bo ihop, äta ihop, jobba ihop… Många trodde vi var ett kärlekspar, vi var alltid tillsammans. Men i själva verket var vi ju två olyckliga heterokvinnor. *Anna-Lena skrattar.*

Vi blev faktiskt riktiga ovänner sista året i Berlin. Så efter fem år så återvände vi hem. Jag saknade kärleken och sörjde fortfarande Magnus död. Jag hade väldigt stora problem under denna tiden med ätstörningar och främst bulimi. Den perioden speglas tydligt i min bok "Nej tack jag åt nyss".

71

Den boken har gett mig mycket fina kontakter med andra tjejer som har ätstörningar. Vissa säger att de faktiskt använder boken som någon form av bibel. Det är en ganska humoristisk bok som speglar ett allvarligt ämne. Det är någonstans humoristiskt i att inte kunna kontrollera sin mat och jag tror det hjälper många att se det komiska i det. Det hjälpte mig. Just att få beskriva en kräk-scen på ett roligt sätt, det avdramatiserar sjukdomen. Det har uppenbarligen hjälpt många andra med samma sjukdom. Genom humor får man upp tabubelagda ämnen till ytan, man skrattar motvilligt åt det och då blir ämnet inte så farligt att prata om. Man märker också att man faktiskt inte är ensam, humor skapar gemenskap bland människor.

Lika härligt som det var att bo i Berlin så var det lika underbart att flytta hem till Lund igen. Lill-Marit flyttade till Stockholm och blev ganska snabbt kär i en kille som hade gjort reportage om underground-teatern i Berlin. Han blev faktiskt sedan vår regissör! Han rekommenderade oss som programledare för showen Daily Live 1986. Tanken var att vi skulle programleda i våra olika roller vi hade skapat. Där växte även Nancy och Carina fram och tog rampljuset.

När vi väl fick frågan om att programleda Daily Live 1986 så var ju jag och Lill-Marit tvungna att bli vänner igen. Vi ville verkligen ha jobbet. Det vi upptäckte då var att vi egentligen var mer som systrar än som vanliga vänner. Jag flyttade till Stockholm och bodde i en lägenhet på kungsängen, en bit utanför centrala Stockholm. När vi väl började showen så blev det en mindre katastrof - folk tänkte vilka är dessa? Vad gör de egentligen? Folk trodde inte på att Nancy och Carina var påhittade, de trodde att de var verkliga! Men snart förstod folk humorn i det hela och showen blev en stor Succé! Vi var ganska provocerande, men det förstod vi inte då. Vi var lättklädda, hade stort hår och putade med brösten. Vi var sådär brutalt frispråkiga som kvinnor inte ska vara. Men egentligen var vi ju två kvinnor som älskade teater och humor och som helt enkelt bara bestämde över våra egna kroppar.

Nancy och Carina var ju före sin tid. Det var ju provocerande och fantastiskt. Visste ni att ni var så provocerande?

Vi var egentligen väldigt förvånade att det sågs som en provokation, det var helt naturligt för oss. Vi ville bara underhålla! Lill-Marit fick faktiskt gå på lugnande tabletter för hon fick sån chock att VI CHOCKERADE människor. Vi hade levt i Berlin och vår klädstil var stora behåar, bar mage, trasiga nätstrumpor till gympa-skor och stort hår. Lite Pippi Långstrump. Nancy och Carina tyckte det var snyggt liksom. Folk trodde vi tyckte att vi var sexiga i dom kläderna medans vi ville skapa humor av just det som hela tiden förväntas av oss kvinnor. Män kan spexa ut sig hur som helst, men när kvinnor gör det så blir det provokation.

Nancy och Carina drev lika mycket om män som om manshat.

Nancy och Carina gifte ju sig också, under 80-talet i TV. Det provocerade ju såklart. Men de var inte flator, de ansåg istället att det var praktiskt. De hittade inga bra karlar så de bestämde sig för att gifta sig. Det var ovanligt på den tiden såklart.

Vi spelade dock ett lesbiskt par också - Marja och Agneta - de blev oerhört populära. Speciellt bland lesbiska kvinnor. Det fanns inte i offentligheten på den tiden. Vår publik blev inte arga, de uppskattade det snarare. Marja och Agneta tyckte inte

om karlar. Till deras besvikelse så fick de tillsammans en son! Hur roligt som helst nu när man tänker efter. Men han blev ändå väldigt älskad av bägge två tillslut. *Anna-Lena skrattar, jag också.*

Vi höll på med Daily Live i två säsonger. I och med det så blev jag intervjuad av den mannen som jag sedan gifte mig med och fick barn ihop med - Olof Brundin. Han jobbade som journalist på Aftonbladet och han fick mig att stanna i Stockholm.

Men det är så intressant hur allt har gått till. Det var nämligen Jan Sigurd (min första kärlek och nuvarande sambo)som tipsade min första pojkvän (men som gjort slut några år tidigare). Det var den före detta pojkvännen som var generös och tipsade ett teveteam (en filmfotograf och en TV-journalist) om att göra reportage om Lill-Marit och mig i Berlin

Vilket ledde till att samma filmfotograf som var där nere (Lars Bermann, producent till Daily Live) erbjöd Lill-Marit och mig programledareuppdraget.

Tack vare programledareuppdraget blev jag intervjuad av Aftonbladet-jounalisten Olof Brundin, som jag gifte mig med.

Efter 25 år, skilde vi oss. Och då blev jag åter ihop med Sigge (som ju indirekt varit orsaken till att jag gift mig i Stockholm!) … efter 33 års frånvaro från varandra.

När jag och Lill-Marit var klara med Daily Live så kom Stand-Upen till Sverige. Jag blev introducerad till det och fick frågan

Anna-Lena och Lill-Marit

om jag inte ville prova på? Ja, sa jag - som jag oftast gör. Det var det värsta jag varit med om i hela mitt liv. Helt fruktansvärt! Stand-Up är verkligen jättesvårt…

Man får sån fruktansvärd prestationsångest så du anar inte. Jag bombade totalt första gången, det blev katastrof. Men då sa jag till mig själv att - du ska minsann göra 100 föreställningar innan du ger upp detta. Så jag fortsatte, jag kryssade i alla gånger jag gjort en föreställning på ett papper, likt en fånge som kryssar för varje dag den suttit i fängelse. Efter 23 kryss, alltså 23 Stand-Ups så började jag fatta grejen, jag tyckte att det faktiskt var roligt. Jag var inte så dålig ändå. Sedan dess har jag gjort över tusen föreställningar och har hållit på med Stand-Up i över fyrtio år. Det var så få tjejer som höll på med

Stand-Up när jag började, och jag som är så feministisk kände att jag ville kämpa liksom. Jag blev så satans väloljad i flabben av det! *Anna-Lena skrattar.*

Men man måste verkligen hålla igång hela tiden om man ska syssla med Stand-Up. Nu när Corona har slagit till så har jag ju inte varit ute på väldigt länge. Det har gått så lång tid att jag liksom tänker om jag ens hade klarat av det igen? Man blir så snabbt ringrostig. En gång hade jag semester i två månader, då var jag ändå väldigt rutinerad. Men den ringrostigheten som befann sig när jag kom tillbaka igen - den var inte att leka med. Och nervositeten ska vi inte ens prata om…

Jag brukar jämföra det med höjdhoppare. De gör ett kanonhopp och allt blir succé - men nästa gång, ja då ska de hoppa

74

ännu högre! Så känns det inom Stand-Up också, man måste hela tiden bli bättre.

I och med min Stand-Up och allt tidigare jag gjort som fick mig att synas på flera ställen, gav ringar på vattnet. Det resulterade i att jag fick jobbet i julkalendern "Mysteriet på Greveholm". Det var så himla roligt att göra det. Än idag så tittar folk på den julkalendern. Jag bodde i Paris när det sändes i Sverige, så jag fick VHS-band skickad till mig varje dag så att jag kunde se avsnitten. Jag jobbade då på den svenska skolan i Paris och varje morgon samlade jag mina elever i aulan för att titta på julkalendern. Först var de lite tuffa och undrade varför de skulle titta på något sådant barnsligt. Men ganska snabbt satt de klistrade allihopa och älskade det. Som jag sa innan - humor och spänning samlar människor.

1993 släppte jag en skiva där jag översatte Edith Piafs låtar till svenska.

Hur kom du på idén?

Jo, egentligen var det på samma sätt som boken "Nej tack jag åt nyss"- kom till. Det var nämligen så att efter en show i Umeå så kom en kvinna fram till mig och berättade att hon letat efter min bok jag skrivit om ätstörningar - men jag hade inte skrivit någon bok då! Men så tänkte jag, jaha men då får jag kanske skriva en bok nu då. Med skivan var det så att en sminkös som hade hört mig sjunga en Piaf-låt i tv undrade vart hon kunde få tag på min skiva. Men inte heller då hade jag gjort en skiva, så då fick jag göra det helt enkelt! Efter det har jag släppt fler böcker och fler skivor, bland annat tre jazz-skivor tillsammans med min sambo Sigge.

Hur är det att egentligen jobba ihop med sin sambo?

Det är helt fantastiskt. Jag har ju faktiskt gjort det på sätt och vis innan, med Lill-Marit, vi var ju sambos. Visst, vi var inget par men vi bodde ju ihop! Men med Lill-Marit kände jag mig aldrig ledig i mitt eget hem. Men med Sigge känner jag mig ledig när jag väl är ledig. Jobbet känns inte heller riktigt som ett jobb. Det går ihop så bra på något vis. Jag och Sigge har till och med roligt på vägen hem från föreställningar. Där kan man diskutera varje hundradels sekund av showen, timingen - vad som gick bra eller vad som gick mindre bra. Vi tänker likadant om varenda blick, varenda ord och ton.

Om du hade haft möjligheten att åka tillbaka i tiden och träffa dig själv. Vilken tidpunkt hade du valt?

Då hade jag velat besöka mig när jag kallade mig själv för Albert, jag var då runt tio - elva år. Då var jag så jädra kaxig. Jag höll på med balett och allt möjligt, hemliga klubbar, hemliga vänner. Ja allt. Jag hade ett jädra självförtroende. Den försvann lite

Anna-Lena Brundin sjunger Edith Piaf

DU ÄR MITT BEGÄR

BAKHÅLL

när jag blev sjuk och fick ätstörningar. Det började väl med någon dum bantningsmetod som sedan tog över mitt liv. Det var så synd. Jag skulle vilja säga till mig (Albert) att behåll denna självkänsla! Du är inte tjock, du är bra som du är. Egentligen hade jag velat be Albert skälla ut den ätstörda femtonåringen, liksom skärp dig nu! Ge inte upp Albert inom dig. Jag kände att jag svek mig själv som barn.

Egentligen kom jag inte tillbaka till det självförtroendet förrän jag själv fick barn. Jag ville ju vara en bra förebild för dem. Nu har jag hunnit med att skriva elva böcker, spelat in lite skivor, och många

många föreställningar. Det är roligt att blicka tillbaka på allt som har hänt i mitt liv. Jag har ju varit med om en hel del. Jag jobbade inom vården runt -79, och nu när Corona-pandemin kom så har jag börjat jobba inom vården igen. Jag kan ju inte försörja mig på teater just nu, som så många andra inom kulturbranschen. Det ger mig väldigt mycket faktiskt. Flera härliga kollegor och patienter i olika åldrar som ger mig väldigt mycket. Såklart har jag ju fördel av min humor när man jobbar inom vården, fast den har jag egentligen alltid nytta av.

"Sigge" och Anna-Lena

Åhustjejen Linnéa är mer aktiv och aktuell än någonsin i sitt jobb som teckenspråks- och dövblindstolk i Stockholm för bland annat statsministern och övriga riksdagen. Hon har blivit en viktig komponent när det gäller döva människors möjlighet att höra och höras.

Linnéa Lindén

"Vi är alla människor och vi måste få höras."

Linnéa Lindén

1992 kom jag till världen. Mina föräldrar var väldigt unga när de fick mig. Jag föddes i Åhus men kom egentligen inte att stanna där så länge innan vi flyttade till Önnestad utanför Kristianstad.

När jag föddes hade jag redan en storebror, och strax efter mig fick mina föräldrar två barn till. Min syster föddes 17 månader efter mig, vi är alltså pseudotvillingar! Inte nog med det, min syster Lovisa föddes också som döv. Jag har så starka minnen från det när jag var barn. Jag minns att när mina föräldrar med hjälp av läkare väl insåg att hon var döv så blev min mamma till en början otroligt ledsen. Läkarens tonläge och hennes modersinstinkt fick henne att känna att det var något fel på hennes barn.

Det är inte konstigt att det rör sig mycket i en förälders hjärna när man får reda på att sitt barn skiljer sig från normen.

Min pappa jobbade otroligt mycket när vi syskon var små. Han hade dubbla arbeten för att kunna försörja familjen vilket gjorde att han inte var hemma så mycket. Vi åkte till dövföreningen i Kristianstad. Där fick vi träffa döva i alla åldrar. Vi förstod snabbt att det faktiskt kommer finnas en plats för min syster i detta samhället och jag kände också snabbt att jag ville göra allt i min makt för att underlätta det.

Det var inte unikt att hon var döv, hon var långt ifrån ensam om det och vår mamma var långt ifrån ensam om att ha ett dövt barn… Det gick att få ett bra liv oavsett om du hör eller är döv.

Jag var ganska distanserad från mammas tidiga oro över min syster. Jag såg aldrig någon skillnad på mig och henne. Faktum är att jag tecknade nästan innan jag började prata. Jag och Lovisa föddes så nära inpå varandra vilket gjorde att vi mer eller mindre utvecklades i samma takt. Att Lovisa föddes döv gav mig två modersmål -talad svenska och svenskt teckenspråk. Vi var otroligt tighta när vi växte upp!

Nu i vuxen ålder så har min mamma berättat att jag en dag ändrade hennes synsätt på Lovisas livssituation. En dag satt mamma på övervåningen i vårt hus och var väldigt ledsen och orolig över att Lovisa inte skulle få några vänner då hon var döv. Hon tänkte: Hur skulle hon kunna kommunicera med vänner? Finns det en plats för henne också? Hur ska världen utanför ta emot henne? Då kom jag upp till mamma och frågade varför hon var ledsen.

När hon berättade varför hon var ledsen så tittade jag på henne och sa: men mamma, kom ner och titta på mig och Lovisa när vi leker, hon är ju jätteglad! Hon är ju inte alls ledsen!

Såklart var Lovisa ibland ledsen över att hon var döv, även om det var sällan. Men jag såg även många situationer utifrån som hörande där hon blev exkluderad på grund av hur samhället var uppbyggt. Jag ville hela tiden att Lovisa skulle få vara med och leka med mina kompisar. Men de var ju hörande och kunde inte teckenspråk. Det var ju inte barnens fel att de inte pratade med Lovisa, inte heller var det Lovisas fel att jag tog på mig ansvaret att tolka allt som hände i varje lek - det är ju kommunikationen det var fel på. Men Lovisa hade faktiskt ganska lätt för att skaffa nya vänner, trots att de inte kunde kommunicera fullt ut. Trots det kunde inte jag som storasyster släppa ansvaret att se till så att Lovisa hela tiden kände sig inkluderad. Jag kände: Vem skulle annars göra det?

När ett dövt barn kommer till en familj så är det ju upp till familjen att lära sig kommunicera genom teckenspråk med barnet. För min familj var det egentligen inte något problem. Vi fick hjälp av TUFF - Teckenspråksutbildning för föräldrar.

Min pappa som jobbade dubbla jobb hade svårt att komma loss, så min gammelmormor Asta tog pappas timmar hos TUFF och lärde sig därigenom teckenspråk. Ibland har det såklart varit påfrestande att leva i en familj med både hörande och döva, med talspråk och teckenspråk, men på det stora hela har det berikat oss med två hemspråk - och två kulturer!

Mina föräldrar skiljde sig ganska tidigt under min barndom. Redan innan jag ens börjat skolan. Min mamma flyttade då till en annan del av Åhus. Det var verkligen långt ifrån en lyx att bo med en ensamstående mamma tillsammans med fyra barn. Vår ekonomi och vår livsstil blev därför därefter.

Vi gick på bidrag och Lovisa fick börja pendla till sitt dagis från att hon var två år gammal, dagiset låg i Lund och var anpassat för döva barn.

När det var dags för mig att börja skolan så flyttade vi till Önnestad. Min mamma började sina studier till att bli teckenspråkstolk. Vi hade det fortsatt svårt ekonomiskt och mamma kämpade med att vi skulle ha mat på bordet. Vi hade faktiskt inte det som andra barn hade runt oss. Vi ärvde mycket kläder och det var svårt för mamma att mätta alla syskon vissa dagar. Vi bodde väldigt trångt och sov mer eller mindre uppe på varandra. Jag tror det är viktigt för barn att ha ett rum där man kan stänga dörren om sig och få vara lite ifred.

Som jag nämnde innan så har jag alltid velat ta hand om mina syskon, främst då i början när jag ville ta hand om Lovisa. Men det beteendet fortsatte länge. När min mamma träffade en man som kom att bli min första styvpappa och flytta in hos oss - så stärktes mitt beskyddande beteende än mer.

Jag var runt 6-7 år gammal när min mamma träffade en man som kom att visa sig ha alkoholproblem. Det är verkligen något som kan förstöra en hel familj. Det färgade min uppväxt under den perioden. Det är väldigt viktiga år där man behöver ha stabila vuxna runt om sig. Jag hade så svårt att acceptera att vår biologiska pappa hade "bytts ut" mot denna instabila vuxna man.

Min mamma pluggade ju som sagt till tolk på 100% under denna tiden, vilket betydde att det var ganska många timmar mellan att vi slutade skolan tills att hon kom hem till oss barn.

Eftersom vår första styvpappa inte kunde agera vuxen och ta hand om hemmet och oss barn som en fungerande vuxen ska, så fick ju jag axla den rollen. Det har väl egentligen haft både gott och ont med

sig på något vis. Det var tufft för mig att ta emot mina småsyskon när de kom hem från dagis och skola, jag ville dessutom skona dem från att uppleva vår styvpappas instabila levnadssätt. Det var väldigt stökiga år fram tills att min mamma tillslut sparkade ut vår styvpappa.

När vi syskon nu i vuxen ålder kan diskutera denna tiden av vår barndom så säger mina yngre syskon att de har svårt att förstå hurdan vår styvpappa var: "Han var väl inte så illa?", tycker de. Det gör mig stolt på något vis, jag lyckades med mitt mål om att i alla lägen skydda dem.

I vuxen ålder så har jag fått helt andra perspektiv på att vår biologiska pappa skulle ha lämnat oss barn. När du är vuxen så får du både reda på mer, men du skapar dig också helt nya perspektiv. Livet är inte så enkelt som man kan tro som barn, relationer är inte heller enkelt. Jag förstår nu att vår pappa inte helt och hållet lämnade oss barn vind för våg.

Mamma fortsatte att plugga och jag fortsatte att gå i skolan. Jag har alltid haft det ganska lätt i skolan, jag har alltid tagit det på stort allvar. Kanske för att det blev min fristad! Där kunde jag fokusera på mig själv och vad jag ville göra. Jag behövde inte ta hand om andra - jag flydde till böcker och studier. Det är dock svårt att bli accepterad av en klass när du kommer i slitna begagnade kläder eller njuter av maten i skolan medans alla andra bestämt sig för att hata den…

Där är barn väldigt elaka, barn har svårt att förstå vad som kan ligga bakom det där onormala. Det är inte barnens fel egentligen.

Jag lärde mig snabbt att hålla upp en fasad och stå upp för mig själv. Någonstans i vuxen ålder så kan jag inte förstå att skolan inte agerade eller ens reagerade och kanske hjälpte oss på något vis. Jag kan ofta bli ledsen över att ingen vuxen såg mig där och då. Men idag har jag accepterat det. Jag har förlåtit, men absolut inte glömt.

Men självklart har jag fått med mig mycket från min barndom, idag har jag en ny och vuxen relation till både min mamma och min pappa. Där jag inte är i beroendeställning av att ta hand om alla och ta hand om obekväma situationer, det ligger inte på mig längre.

Men det är svårt att distansera sig från och förlåta saker som varit tuffa. Men jag gör det för min egen skull. Det är viktigt att inte gräva ned sig i det förflutna. Man måste blicka framåt.

En sak som verkligen har hjälpt mig genom tuffa perioder i livet - det är träningen. Jag började spela fotboll när jag var runt tio år och snabbt märkte jag vilken frizon det var för mig. Jag kunde släppa allt och bara vara där - på planen med bollen. Det har hjälpt mig otroligt mycket. Fortfarande rymmer jag lite till gymmet

så fort något är jobbigt, det har hjälpt mig väldigt mycket.

Jag frågar Linnéa om hon lyckats vända det svåra till något bra?

Min självständighet och mitt driv har kommit från svåra perioder i min barndom. Att inte bli skjutsad till träningar eller matcher som barn kan vara riktigt jobbigt - när man ser att alla andra blir det. Men samtidigt har jag lärt mig så mycket av det. Just att klara mig själv och inte vara så beroende av andra människor hela tiden. En stor sorg som jag idag ändå ser något positivt i. Jag går inte ständigt runt och är orolig vad folk tror om mig, jag har inte det bekräftelsebehovet. Jag har alltid behövt hitta min egna väg.

Idrotten följde med mig in i gymnasiet där jag läste Samhälle/Idrott på Söderportgymnasiet i Kristianstad. Det var en tuff linje - plötsligt blev man bedömd på just det som man älskade och ägnade sitt liv åt… Det krävde mycket av din kropp men framförallt av ditt psyke. Det blev svårt för ens självkänsla och självbild.

Under samma period så kom jag också ut som bisexuell. Främst för mitt fotbollslag. Tjejen som jag var tillsammans med spelade i mitt fotbollslag så därför var det ganska svårt att hålla det hemligt där. Det var verkligen inte populärt hos omgivningen att vara homosexuell eller bisexuell på den tiden. Därför stod jag också emot det ganska länge, jag förnekade det.

Det blev dock väldigt tufft för min flickvän, hon tänkte väl att jag skämdes över henne. Men så var det verkligen inte. Jag hade bara svårt att stå för att jag faktiskt var kär i henne.

Hon kom från ett HVB-hem och använde mycket droger. Vi hittade varandra någonstans mitt i misären. Men eftersom jag inte kunde stå upp för min bisexualitet så gjorde jag slut med henne ganska tidigt under gymnasiet.

Tjejen som jag var tillsammans med tog sedan livet av sig några år efter. Det var så oerhört tufft för mig, och det blev en stor sorg som jag höll väldigt mycket för mig själv. Jag kände mig ändå delaktig i hennes psykiska problem. Det var väldigt svårt för mig att komma vidare från det.

När livet var svårt, som det faktiskt kan vara för många under gymnasiet, så hade jag en lärare som ställde väldigt höga krav på hennes elever... Hon hette Marie Karlberg och var vår klassmentor. Marie var sträng men rättvis, vilket jag hade svårt för till en början. Skulle jag nu behöva anpassa mig efter hennes krav också? Men i efterhand är jag så otroligt tacksam över det. För några månader sedan så stod jag på en av regeringens pressträffar där jag ibland tolkar, då tänkte jag tyst för mig själv - hur utvecklades min svenska till denna nivå? Det är helt galet. Svenska är inte ens mitt

första språk, men min vilja att studera det och drivet att kunna båda mina modersmål till perfektion grundades delvis av hennes lektioner och sätt att lära ut.

Jag mindes plötsligt Marie Karlberg med en ny typ av tacksamhet. Jag har alltid respekterat lärare, men just Marie hade väldigt höga krav. Jag tyckte nog om det undermedvetet. Hon gav oss svåra böcker vi skulle läsa - jag läste varenda en medan många av mina klasskamrater letade fram recensioner på nätet. Hon gjorde en förändring i mitt liv. Lärare är viktigare än vad man tror för ens ungdom. Hon köpte ingen "bullshit", det skulle vara rättvist. Det gillar jag.

Två veckor in på hösten efter studenten så satt jag hemma runt köksbordet en dag och var nedbruten över att jag inte visste vad jag ville göra med mitt liv. Min mammas man, (Min andra styvpappa och som jag har att tacka för väldigt mycket) sa då till mig att jag borde bli teckenspråkstolk och söka in till utbildningen som mamma gått i Önnestad.

Min styvpappa sa: "Prova två veckor, gillar du inte det så ska jag sluta tjata på dig." Han såg min potential rätt tidigt, han rättade min grammatik i väldigt tidig ålder. Han var själv döv och teckenspråkslärare på samma skola men i de tidiga åren. Han satte lite press på mig, vilket jag är tacksam över idag.

Allt jag lärt mig inom teckenspråk redan

83

som barn, blommade verkligen ut när jag började på tolkutbildningen. Eftersom jag redan kunde så mycket så hoppade jag över två år och studerade bara de två sista åren av den fyra år långa utbildningen. Utbildningen är komplicerad och bara för att man kan språket så betyder det inte att man är tillräckligt skolad för att faktiskt bli tolk.

Jag var bara 19 år när jag började, vilket många hade invändningar mot. De tyckte inte att jag hade någon livserfarenhet… Jag blev lite oven med rektorn, jag tyckte utbildningen sköttes slarvigt! *Linnea skrattar till.* Men man måste förstå att jag i hela mitt liv sett vikten av att lära ut och använda teckenspråk. Det måste vara hög kvalité, tolkar är ju de dövas röst!

Rektorn sade upp sig efter min första termin och samtidigt ansökte jag om förflyttning till Örebros tolkutbildning - landets bästa enligt många. Jag bestämde mig egentligen då för att bli den bästa tolken i Sverige. Jag vägrar att göra något "halvdant" så en flytt var nödvändig.

Jag kände mig väldigt ensam i Örebro, men kunde egentligen först då fokusera helt och hållet på studierna. Jag bodde i ett rum hos en gammal dam som nog inte riktigt var mentalt frisk. Hon sa åt oss som bodde hos henne att alltid rulla ned gardinerna - för vi var minsann förföljda!

Jag bodde där tillsammans med en annan kille som var sjuksköterskestudent och buddhist. Det var en härlig blandning av människor i det hemmet. *Säger Linnea skrattandes.* Jag höll mig på mitt rum och hade bara mig själv att ta hand om, jag gjorde det som var bra för mig och min utveckling.

På utbildningen, som ung tjej, möttes jag av beundran men också skepsis. Kunde verkligen jag som så ung vara så pass duktig att jag så enkelt kunde hoppa över två år? Man får inget gratis, jag har kämpat lika mycket som någon annan. Även om teckenspråk är ens modersmål så betyder det inte att du kan behärska svår grammatik och utföra det på en professionell nivå. Så är det ju med det svenska språket också…

Jag kom in på utbildningen där jag vände upp och ned på mycket. Mitt sista samtal med lärarna på utbildning löd ungefär:" Ja, du kom in här som en atombomb och rörde om helt och hållet, men Linnéa - så bra det blev till slut!" *Linnea skrattar igen.*

Efter examen jobbade jag i Örebro på deras tolkcentral. När jag väl skulle sluta där så fick jag en av dem mest smickrande rekommendationsbrev jag någonsin fått. Det var från chefen, hon ville verkligen inte att jag skulle sluta. Det betydde väldigt mycket för mig och gav mig väl en "push" i rätt riktning. Jag förstod att jag gör något bra! Det här blir bra. Mitt liv kanske inte är så dumt ändå. Det här klarar jag!

Jag frågar Linnéa om hon idag, flera år efter att hon tagit examen, fortfarande lär sig nya saker i sitt yrke?

Det gör jag verkligen. Detta Corona-året har lärt mig mycket. Jag, tillsammans med alla andra tolkar, har ju behövt lära oss ord som ingen egentligen tidigare i Sverige har använt. Bara ordet "Corona" och "Social distansiering"... Anders Tegnell har till och med fått ett eget persontecken!

Persontecken, för den som inte är så insatt är förenklat ett typ av smeknamn. Linnéa förklarar det som att man kan likna det med i ursprungsamerikanernas system att kalla folk efter något som kännetecknar dem. När man tecknar Anders Tegnell så tecknar man en "V-ringad jumper" - detta för att han ofta syns i media iklädd en sådan tröja.

Jag tog examen 2013 och flyttade då tillbaka till Skåne för att jobba på tolkcentralen i Skåne som låg placerad i Lund. Jag var då den yngsta teckenspråkstolken i hela Sverige. Det togs emot med blandade känslor ute på fältet, precis som under min utbildning. Men jag får faktiskt säga att jag fick fler "hejarop" än kritiska kommentarer. Snabbt kände jag att yrket faktiskt inte följt med tiden, det ville jag ändra på. Jag vidareutbildade mig då än mer inom yrket - just för att utveckla mig själv men också yrket i sig.

2016 började jag istället jobba för staten. Jag jobbade då inom Specialpedagogiska skolmyndigheten, som ansvarar för de skolor som är specialanpassade för döva. Det var den skolan som min syster gick på när hon var ung. Skolan har sina egna tolkar, och tar in utomstående tolkar. Tyvärr finns det en stor brist på döva lärare. I den bästa av världar hade vi tolkar inte behövts, varken i skolan eller i samhället. Men vi behövs verkligen.

I mitt yrke så har jag inte bara haft nytta av den teckenspråksläran som jag har fått hemifrån. Jag har även tidigt lärt mig att läsa kroppspråk hos människor. Det behöver man veta i mitt yrke. Vi jobbar med människor och för människor som inte blir förstådda med sitt språk. Där måste jag så neutralt jag kan förmedla budskap mellan två individer. Jag ska helt enkelt försöka att inte märkas av, samtidigt som de båda parterna förlitar sig på mig.

Jag fick sedan möjligheten att bryta upp från Skåne när jag 2018 fick ett jobberbjudande uppe i Stockholm. Det är svårt att hitta boende i Stockholm. Jag var inte riktigt redo att släppa Skåne men ganska snabbt så ändrade jag mig och tog mitt pick och pack, allt som fick plats i en liten bil och åkte till Stockholm. Där bodde jag i en andrahandslägenhet tillsammans med min hund Svea, som varit min trygga punkt i över elva år.

Det var en omställning att flytta till Stockholm, både personligt som skåning att flytta dit men också inom yrket. I Stockholm finns det otroliga möjligheter att få tolka de största händelserna i Sverige. Jag ville ju bli bäst, så helt plötsligt kände jag att jag hade chans att klättra än mer. Jag fick ett tryggt jobb inom samma myndighet jag jobbat med i Skåne.

Jag har alltid kombinerat flera jobb och alltid lagt 150% i det jag gör. Det har varit nyttigt för mig och till fördel när jag sedan har sökt mig vidare inom yrket, jag har mycket kompetens som inte så många andra inom yrket har. Jag har hittat en plats där jag får utvecklas - det är helt fantastiskt.

Innan jag lämnade den statliga världen jobbade jag som verksamhetsansvarig för hela myndighetens tolkar. När jag blev erbjuden den tjänsten var det första gången på länge som jag stötte på fördomar om min ålder igen. Jag hade blivit van vid att mitt rykte föregick mig och blev nu alltid mött med viss beundran och respekt. Denna tjänst innebar ett nationellt ansvar och motsvarigheterna inom andra professioner erbjöds en betydligt högre lön. Jag fick höra att jag var för ung för att tjäna det samma. Hade chefen börjat med att läsa mitt CV så hade han sett att det jag hunnit med i min karriär då på sex år var mer än någon annan i Sverige.

Jag fick såklart jobbet, men till en betydligt lägre lön än vad mina manliga eller äldre kollegor hade. Så ser det ut för oss kvinnor, inom nästan alla yrken och det är riktigt sorgligt. Teckenspråkstolk är ett kvinnodominerat yrke och betalt därefter.

Jag har inte bara strävat efter att bli bäst på det jag gör, inte heller strävat mot att tjäna mycket pengar - för då är jag i fel yrke. Jag har strävat efter att utveckla yrket. Yrket är ganska ungt och det började med att anhöriga till döva fick jobba som tolkar till sina barn eller närstående och det finns en del fördomar kvar sedan den tiden.

Det största som hänt i min karriär händer väl egentligen just nu, när jag tolkar pressträffar med Stefan Löfvén och andra ministrar och högt uppsatta människor. Personligen tycker jag att partiledardebatter är något som är sjukt häftigt och väldigt roligt att tolka. Jag är den yngsta någonsin som tolkat partiledardebatten i Sverige, vilket gör att de jobben har betytt väldigt mycket för mig. Jag får mer gehör från människor nu som inte har någon koppling till den döva världen, de ser ju mig helt plötsligt på TV:n väldigt ofta!

Det viktiga för mig är dock inte att jag ska synas, utan att mitt yrke ska synas. Jag har gjort väldigt många livsavgörande jobb: Socialtjänst, Kvinnojour, BUP med mera. Det påverkar mig kanske mer än att stå i TV, men det är ju två helt olika jobb liksom.

Ända sedan min syster har varit liten så har jag brunnit för att samhället och världen ska vara tillgänglig för henne, jag tyckte tidigt att det var viktigt att hon alltid fick ta del av vad som sades runt matbordet, på kalas eller andra tillfällen.

Samma instinkt har jag idag när jag tolkar Stefan Löfven i TV, jag vill att Lovisa ska kunna trycka på TV:n och enkelt få ta del av precis det som alla vi hörande får. Samhällsinformation måste komma ut på hennes modersmål. Det har varit en stor drivkraft för mig.

Jag frågar Linnéa om hon fick åka tillbaka i tiden och träffa sig själv, vilken Linnéa hade hon besökt?

Då hade jag åkt tillbaka till tonårs-Linnéa och gett henne en kram. Det är tufft att vara ung tjej. Jag hade velat säga till henne att allt kommer bli bra. Även om livet hade tagit ett annat håll för mig, så tror jag att det ändå hade gått bra för mig. Jag var inställd på det väldigt tidigt, men jag tror att jag hade behövt en kram där och då. Att få säga till mig själv att aldrig ens fundera på att ge upp, även när det var som tuffast.

Jag ser vikten av att varje människa ska få sin röst hörd. I en intervju med en känd restaurang i Hollywood, frågade journalisten till restaurangägaren vad det är som gör att restaurangen attraherar så många kändisar? Då svarar han "Because we treat celebrities like locals, and locals as celebrities." Så ser jag på livet, jag ser ingen skillnad på att Statsministern ska få sin röst hörd, än att "Agda" ska få det på sitt besök inne på vårdcentralen. Vi alla är människor och vi måste få höras.

89

Monica föddes i Karlskoga och är en mycket välkänd entreprenör, låtskrivare och författare och har bland annat varit med och skrivit låtar som "Främling" till Carola och flera välkända Disneylåtar. Monica har också ett synsätt på livet som inspirerar och väcker tankar både om tacksamhet och vad det goda i livet egentligen är.

Monica Forsberg

"Man måste belöna det goda i livet"

Monica Forsberg

Jag föddes den 14 september 1950 i Karlskoga. Jag var ofta sjuk när jag var liten och låg ofta på sjukhus. När det var besökstid på lasarettet, fick mina föräldrar bara träffa mig bakom en glasvägg på grund av infektionsrisken. Jag hade lunginflammation många gånger och till slut föreslog en framsynt läkare att vi skulle försöka byta miljö och flytta ut på landet. Mina föräldrar tog till sig rådet och köpte ett gammalt släkttorp utanför stan, som de sedan renoverade. Jag älskade den platsen och frisk skogsluft gjorde susen och sakta men säkert blev jag frisk. På femtiotalet pratade man ju inte så mycket om luftföroreningar och var och varannan rökte inomhus, till och med i bilen. Självklart var det förödande för en liten unge med dåliga luftrör och lungor.

Alla veckor på lasarettet, påverkade nog mig en hel del. Jag var väldigt blyg och var rädd för allting. Men jag minns att jag drömde om att bli sjuksköterska. Jag tyckte de var så vackra i sina blåa uniformer, vita förkläden och sköterskehättor. Bäst tyckte jag om en Sophiasyster, som hette Greta. Hennes hätta var rund och hade svart sammetsband. Dessutom var de så snälla. Jag fick lära mig att vika papper till en egen sköterskehätta och jag minns att jag tyckte jag var jättefin i den.

Jag började skolan i Knutsbol. Det var en B-skola – det vill säga att vi var uppdelade i en småskola och en storskola. Fröken och magistern bodde i skolhuset och ofta tänker jag på vilken fantastisk skola jag fick gå i. Jag var ju blyg och lekte inte så mycket, men jag älskade skolan och sög i mig så mycket kunskap jag bara kunde. Vi sjöng mycket i klassen och magistern spelade piano. - Åh, vad jag tyckte mycket om det!

Jag var otröstlig när jag efter sex år, skulle börja realskolan i "den stora staden Karlskoga". Jag minns fortfarande skräcken jag kände den första skoldagen. Jag hade hoppat över fjärde klass, född på hösten och var alltså yngre än alla de andra tjejerna i den husliga linjen där jag skulle gå. Min mamma, som hade varit frälsningssoldat, var lite sträng och där på den stora skolgården stod jag i min nya, fina nylonkappa – men med rosett i håret. Jag tänkte: Hjälp! De flesta andra flickorna hade lugg och hästsvans. Jag ville sjunka genom jorden! Min nylonkappa var blå. En bit ifrån mig fick jag syn på en flicka som också hade rosett i håret. Hennes nylonkappa var brun. Jag drog mig mot henne och Gunnel och jag blev bästisar genom hela realskolan. Sen förlorade vi kontakten, men vi har nu på gamla dar hörts av igen. Hon bor numera också i Skåne!

Det gick väldigt bra för mig i skolan och jag började fundera på att bli lärare. Men jag var också musikintresserad och sjöng i realskolans kör. Jag ställde upp i några amatörtävlingar och 1963 vann jag Oktobertalangen i Gullspång! 13 år gammal, fick jag erbjudande att få bli vokalist i Culings Showband, som var därifrån. Vilken lycka! Självklart fick jag inte åka på några turnéer, men jag fick vara med och sjunga "någon enstaka gång i månaden" enligt det arbetstillstånd som rektor utfärdade. Men, vi repeterade ofta i Centrumbiografen i Gullspång och mamma och pappa var med och lyssnade.

1971 jobbade jag som lärarvikarie i Karlskoga, när jag blev uppringd av ett grammofonbolag i Stockholm. Kunde jag tänka mig att komma och sjunga in en duett med en sångare som hette Jörgen Edman?

Om jag kunde? Jag blev förstås jätteglad! Egentligen var det en annan sångerska, som skulle ha sjungit låten, men hon hade hoppat av. När jag var i studion, undrade producenten om jag ville sjunga in en låt till. Självklart ville jag det! Sen åkte jag hem och fortsatte jobba i skolan. Då hände det! Telefonen ringde och det var Ulf Elfving! Han ville göra en intervju, för min låt hade gått in på Svensktoppen! Det var så overkligt!

Det måste väl varit en stor grej och en chock för dig?

Ja, på den tiden var Svensktoppen ett oerhört populärt program, som hade många lyssnare. Jag hade svårt att förstå att det var mig det gällde – när Ulf Elfving gratulerade till första platsen på Svensktoppen med låten "Får jag skänka dig min sång".

Plötsligt blev hela min tillvaro förändrad. Jag blev intervjuad av tidningar och radio. Jag såg mig själv på Aftonbladets löpsedel – jag var med i TV-program och man ville skicka ut mig på Folkparksturné. Men, där blev det stopp. Bara för att jag hade sjungit in några låtar som legat på Svensktoppen, betydde det ju inte att jag kunde bära upp en show i Folkparkerna. Så första året nöjde jag mig med att dyka upp som gästartist i andra program.

Men året därpå gjorde jag min allra första Folkparksturné och det var spännande förstås. Men, jag behövde några sångtexter och hörde av mig till en etablerad textförfattare. Han ville ha 1.500 för att skriva en text. Det var ohyggligt mycket pengar tyckte jag. (Idag vet jag att det inte var det) Där och då, tänkte jag att jag kan väl försöka skriva nån text själv. Jag var i Stockholm, där vi repade och bodde på Frälsningsarméns hotell på Drottninggatan, när jag på kvällen skrev min första text till min första turné.

Premiären var i Mariebergsskogen i Karlstad och jag var väldigt nervös. Och inte blev det bättre av att jag genom kulissen fick syn på Expressens musikrecensent Ing-Marie Opperud! Hon var känd för sin skarpa penna och jag tänkte: god natt! Det här blir fiasko! Dagen efter vågade jag inte läsa tidningen själv, utan ringde hem till mamma och pappa. De gratulerade mig till fina recensioner och att framför allt texterna hade varit bra i showen. Jag har haft möjlighet att senare i livet fått tacka Ing-Marie för den knuffen! Hon gav mig modet att fortsätta skriva texter! Och efter hand blev textskrivandet viktigare än att vara sångerska, även om jag tyckte om det också.

Jag brann verkligen för att skriva sångtexter, men det fanns ju redan så många etablerade textförfattare. Och det var inte lätt för en nykomling från Degerfors, att slå sig in i den tuffa branschen.
Men, då svepte dansbandsvågen in över Sverige och det behövdes massor av svenska texter. Jag såg min chans och idag –mer

än 2.000 texter senare, ser jag tillbaka på många timmar i "rimstugan".

Jag fick under den här tiden en förfrågan av ett grammofonbolag om jag ville skriva och producera en barnplatta med Barbro Lill-babs Svensson och hennes flickor, Kristin och Malin. Den handlade om två små mjukishundar och plattan hette "Woff alla voffisar." Efter det blev det en platta med Katarina Taikon och hennes Katitzi, en om Monchhichi och många fler musiksagor för barn. Jag stortrivdes med det här. Jag fick fler och fler förfrågningar och snart var det inte bara musiksagor, utan nu frågade man mig om jag ville börja dubba tecknade filmer.

Jag sa ja direkt och snart satt jag i en studio i Kungälv och såg till att Lucky Luke, Asterix, och Karl-Alfred pratade svenska. Jag översatte, regisserade och var ibland nån röst också. Vilken rolig tid! En dag fick jag ett samtal från London – från Jim Henson's kontor. Ville jag göra den svenska versioneringen av en ny TV-serie, som hette Fragglarna? Om jag ville! Dessutom skulle jag åka runt i hela Skandinavien och ha hand om sånginspelningarna till den här underbara serien. Det tog nästan två år och jag hade roligt varenda dag!

I Köpenhamn låg Walt Disney's Skandinavienkontor och en dag ringde de och jag fick jag frågan om jag ville ta mig an dubbningen av en biograffilm från Disney.

När Disney ringer, då svarar man?

Åh ja, då var glädjesvimningen nära! Det här var i början på 80-talet och Disney's underbara figurer och jag kamperade ihop i nästan 25 år! Det blev många biofilmer – som t.ex Aladdin, Lejonkungen, Pochahontas och ännu fler TV-serier – som t.ex Bumbibjörnarna, Piff och Puff, Ducktales, Nalle Puh och Luftens hjältar.

Men jag fortsatte samtidigt att sjunga och skriva sångtexter åt andra. Och själv var jag med i en grupp från Karlstad, som hette Ritz. Där var också Kerstin Andeby och hennes man Peter Wanngren med. Jag pratade med dem om att skriva en musikal för barn.

Jag tyckte ibland att tempot i de tecknade filmerna var lite väl högt och funderade mycket över att det här kanske kunde stressa en del barn. Jag gjorde ett synopsis och skrev några sångtexter som jag gav Kerstin och Peter och så föddes Svingelskogen – en musikal i en snäll skog där "inget djur var större eller mindre än nåt annat".

Jag presenterade idén för Folkparkerna och vi gav oss i väg på en Folkparksturné som skulle bli den första i raden av tretton! Tusentals barn kom för att se vår föreställning och det var underbara somrar med en härlig ensemble, där vi också hade med oss tre barn som spelade bröderna Skogsmus.

-Så du märker Henny, att jag har fått gjort väldigt många roliga saker i mitt liv.

Jag frågar Monica om alla de Disneylåtar hon översatt.

Jag översatte oerhört många sångtexter under åren när jag jobbade med Disney. Och jag hade också lyckan att tillsammans med Kerstin och Peter, få skriva några originallåtar som faktiskt sjungs fortfarande. Men fortfarande nyper jag mig i armen när jag hör nån sång ur Lejonkungen eller Aladdin och tänker – men, har jag verkligen skrivit det där? Men i sanningens namn – har jag skrivit en text, så har säkert 10 hamnat i papperskorgen. Men, för mig är det lycka bara att få skriva. Det är svårt att veta varifrån allt kommer. Men jag brukar tänka att möten med människor är min inspiration och mitt universitet. Och sen sparar man tankar och känslor i ett litet rum i hjärtat och där finns de när man behöver dem.

Min tro är att ingenting händer av en slump. Och jag har funderat lite över vilka märkliga vägar livet tog ibland. En gång när jag var i tjugoårsåldern, hamnade jag på sjukhuset och delade rum med en mycket sjuk, gammal fin dam. Hon orkade inte prata så mycket, men hon berättade för mig att hon nog snart skulle dö. Jag var ung och lyssnade hänfört på den kloka lilla tanten. Jag frågade henne försiktigt om hon inte var rädd. "Inte alls", svarade hon. "Jag är färdig med det här livet och förberedd för nästa. Men det jag säger till dig nu, vill jag att du kommer ihåg", sa hon med sin svaga röst. "Man knuffas dit man ska i livet och man möter dem man behöver". När jag vaknade nästa morgon, var hennes säng borta och det kändes väldigt konstigt. Jag hade då ännu ingen erfarenhet av sjukdom eller död och det kom plötsligt så nära. Men hennes ord har följt mig genom livet som en ledstjärna. Och många gånger har jag skänkt tacksamma tankar till den kloka lilla människan, som jag träffade några få timmar i en sjuksal.

När jag tittar i min backspegel, ser jag att jag alltid knuffats dit jag skulle och mött de människor jag behövde. Det gäller bara att ha ett öppet sinne och ta emot. Jag träffade en astrolog en gång för många år sen, som sa: "Ditt liv har varit som ett sommarlov och så kommer det att fortsätta!" Och jag är benägen att hålla med honom! Jag har levt ett fantastiskt liv och livet har verkligen varit generöst mot mig. Jag är nu 70+ och har aldrig sökt ett jobb. Ja, och nu är det troligen för sent?!

Hur hamnade du i Skåne då? Kan det ha varit din man Hasse som fick dig att flytta söderut?

Ja, det kan du lita på. Ingenting skulle kunnat få mig att lämna den Värmländska, älskade skogen – mer än han!
När jag träffade Hasse, var jag skild. Jag hade varit gift med en underbar norrman i nästan 12 år.

När vi gick skilda vägar, så bestämde jag mig för att jag skulle leva resten av mitt liv tillsammans med Musse Pigg och de andra Disneyfigurerna. Men, en dag ringde telefonen och eftersom jag var fältartist med uppdrag såväl i Libanon, som Cypern – ville man att jag skulle vara med i en stor militärövning som hette Nordanvind. Den skulle hållas i Gällivare. Jag sa nej tack, direkt! Jag avskyr vinter och snö och kunde inte tänka mig att åka dit. Men, hur det var lät jag mig övertalas. I ensemblen skulle bland andra Hasse "Kvinnaböske" Andersson vara med. Jag visste ju vem han var, men vi hade nog inte mer än hälsat på varandra nån gång innan. Han dök inte upp första dagen, för hans flyg var inställt, men dagen därpå mötte jag honom.

En stor, vänlig och mycket skånsk man. Vi gjorde en föreställning tillsammans med flera andra artister där uppe i kylan och sen åkte var och en hem till sitt. En tid efteråt, ringde Hasse till studion i Karlskoga, där jag jobbade och undrade om han kunde hyra studiotid för att spela in musik. Jag jobbade ju med filmdubb för fullt, men jag lovade att jag skulle kolla upp det. Det slutade med att han en dag dök upp i studion och började spela in sin musik där. Vi började prata med varandra och det blev längre och längre fikapauser.

Vi märkte att vi hade många beröringspunkter och mycket att prata om. Med tiden blev vi förälskade och det har vi varit i 30 år nu. Och gifta i 28 år. Hasse flyttade så småningom till Värmland, men han längtade ständigt efter havet och sitt älskade Skåne. Även om han gjorde allt för att trivas där i skogen med mig.

Vi byggde så småningom ett hus utanför Båstad och de första åren pendlade jag. Men, till slut blev det för tröttsamt med de långa resorna och jag flyttade till Skåne för gott.

Har du ångrat att du flyttade till Skåne?

Nej, självklart inte. Jag hade en väldigt lång inskolning, kan man säga och vägrade envist släppa taget om mitt kära timmerhus i Degerfors. Men, nu har jag acklimatiserat mig och trivs verkligen!

Nu måste jag fråga dig lite om en av mina absoluta favoritlåtar - Främling med Carola! Du har ju skrivit texten till den. Hur gick det till?

Jo, jag jobbade i många år tillsammans med Lasse Holm och Torgny Söderberg. Två herrar som har åtskilliga hits i bagaget! 1982 skrev Lasse och jag "Dag efter dag", som tävlade i Melodifestivalen med Kikki Danielsson och Elisabeth Andreasson — eller Chips, som de kallade sig då. Vi vann den svenska uttagningen och året därpå hade Lasse skrivit en ny låt som han trodde mycket på. Det var en Da Vinci-utställning i Stockholm det året och Lasse ville absolut att titeln på låten skulle vara "Mona Lisas leende". Där var vi inte överens. Jag tyckte inte det var en särskilt

bra titel. Jag ville att låten skulle heta Främling, men jag lyckades ändå få med Mona Lisa på ett hörn! "...som Mona Lisa har sitt leende, så gömmer också du en hemlighet!"

Lasse var nöjd — och jag också! Samma år sjöng jag i gruppen Ritz (samma gäng som sedan turnerade med Svingelskogen). Peter Wanngren och jag skrev en låt, som hette "Marionett" och som vi skulle tävla med i Melodifestivalen i Malmö. Det skulle den där unga, nya tjejen från Stockholm - Carola Häggqvist också göra. Och hon skulle sjunga Lasses och min "Främling". Jag gick till repetitionen på Palladium i Malmö, för att lyssna på henne. Jag visste inte alls vem hon var, men när hon började sjunga, vet jag att jag tänkte WOW!

Jag tänkte också, att vi andra som skulle tävla mot henne, lika gärna kunde ha åkt hem! Så självklar var hon, den här superbegåvade, härliga tjejen! Marionett hamnade på en hedrande fjärdeplats i tävlingen.

Vilken succé Främling blev och jag fick åka med till München där finalen gick och bakom denna unga superstjärna, stod jag, Lasse, Karin Glenmark och Lennart Sjöholm i kören. Det var en otrolig upplevelse. Och än — så här många år efteråt, spelas ju Främling på radio och TV. Det är klart att jag är glad och stolt över att få ha varit med på det schlagertåget!

När Hasse och jag blev ett par, höll han på och jobbade med nånting som de kallade

för Hasses Lada, utanför Båstad. Det var en stor potatislada, som på sommaren gjordes om till ett välbesökt eventpalats! Döpt efter en TV-serie som Hasse gjorde på 80-talet. Snart nog fick potatisen en ny vinterlada och Hasses Lada körde shower året runt.

Det blev ett oerhört populärt ställe, med 60-70.000 besökare varje år. Vi blev till och med nominerade till titeln Sveriges största turistattraktion – tillsammans med Liseberg och Ishotellet i Jukkasjärvi. Ishotellet tog hem första priset, men för oss var

det ju en stor seger att ens vara nominerade! Vi drev Hasses Lada framgångsrikt i 12 år tillsammans med Sten och Lisa Mårtensson. De var nyss hemkomna från Florida där de drivit ett steak house i flera år. När vi gifte oss 1993, bjöd de över oss till Florida och vi bodde i deras hus några veckor. Vi blev bekanta med en svensk mäklare och hon ville intressera oss för ett hus, som var till salu på samma gata. "Absolut inte!", sa jag. "Varför inte?", sa Hasse.

Våra vänner brukar kalla oss för Gasen och Bromsen! Hasse tar snabba beslut och jag är väldigt försiktig och vill alltid fundera lite. Hursomhelst, Hasse tyckte att vi kunde lägga ett skambud på huset och jag var övertygad om att ägarna inte skulle ta det. Vi åkte hem och efter nån vecka, kom det ett fax där det stod: "Grattis! Ni har blivit husägare i West Palm Beach" Jag minns att det svartnade för ögonen på mig. Det kunde inte vara möjligt!? Vad hade vi gett oss in på? Och hur skulle jag kunna berätta det här för mina föräldrar? Jag funderade och sen sa jag skenheligt: "Vet ni vad Hasse har gjort? Han har köpt hus i Florida."

Men faktum är att vi fortfarande, efter nästan 30 år har kvar det kära huset där. Vi har fått många fina vänner over there. Både svenska och amerikanska. Jag har ofta åkt dit ensam, när jag har haft nåt stort skrivarprojekt framför mig och jag har skrivit åtskilliga texter och manus där.

Man knuffas dit man ska, som sagt. En dag i Florida, när jag kände mig lite stressad och jäktad, gick jag ut för att hämta posten. Då flög det en liten lapp framför mig på gatan. Jag tog upp den och läste: "Vill du få inre frid? Kom och testa Yoga" Vem som helst var välkommen på en introduktion och det skulle vara samma kväll. Jag hade aldrig prövat yoga, men det var nånting som klickade till i mig när jag läste på reklambladet. "Inner Peace", så jag ringde upp och anmälde mig.

Jag blev en flitig yogautövare och jag till och med utbildade mig som instruktör i Florida. Numera med höftledsprotes och en massa andra skavanker, har jag fått lägga det på hyllan. Ja, inte allt – för andetaget är fortfarande väldigt viktigt för mig.

Tillbaka till din yrkeskarriär. Hur var det att vara ensam tjej på turné?

Jag har aldrig blivit trakasserad, eller förödmjukad av mina manliga kollegor. Men givetvis har jag sett vad som hänt andra och jag välkomnade Me-too-rörelsen när den drog in över världen. Det finns så mycket som man skulle vilja ändra på. Så många både små och ofantligt stora orättvisor. Men min pappa brukade säga att försöker man bara göra sitt bästa, så bidrar man med positiv energi – och den smittar! Hasse och jag försöker påminna varandra om det när det känns lite tungt. Jag har en bok som jag tänkte att jag varje dag skulle skriva upp tre saker som jag är tacksam för. Det är inte svårt komma på och ganska intressant läsning, när man bläddrar tillbaka i den.

Min mamma var ganska sträng och min pappa var lugn, förståndig och levde nära naturen. Mamma var en arbetsmyra och så mycket hon lärt mig! Hon kunde allt från att slakta höns till att göra vackra broderier. Hon var fenomenal på att ta tillvara frukt och bär. Hon odlade grönsaker och på hösten när vi slaktade grisarna, blev det inte mycket som inte kom till användning.

Jag tyckte väl inte om allt, men på 50-talet sa man inte "det där äter inte jag!" Det värsta var vid slakten, när jag skulle vispa grisblodet – brrrr, jag ryser än idag när jag tänker på det. Av det gjorde mamma palt och den skulle ätas med stekt fläsk och vit sås. Det var inte så gott, men jag åt i alla fall. Pappa var både murare och snickare i sitt yrkesliv och han var oerhört händig och uppfinningsrik. Men det jag beundrade mest hos honom var hur han hade kontakt med vilda djur. Många gånger såg jag en talgoxe, eller blåmes sittande på hans axel när han staplade ved på vedbacken. Eller ekorren som han under en lång tid gav en bulle på morgonen i köksfönstret. På vintern kom rådjuren fram till honom och åt ur hinken han hade med sig.

Jag glömmer aldrig en gång i Florida när han lyckades mata sköldpaddorna i dammen, som finns intill huset. De tog bröd ur hans hand. Jag har försökt göra samma sak, många gånger – men, det har inte lyckats. Ofta tänker jag på det där och undrar varför han hade den där egenskapen.

Mitt i intervjun, får jag ett SMS från min fjortonåriga kusin. En nostalgisk känsla far igenom kroppen och jag kommer att tänka på "Krokodilen i bilen", som jag ofta sjöng för henne när hon var liten. Jag frågar Monica: du har ju skrivit den låten. Minns du hur den kom till?

Ja, det gör jag minsann. Jag var på väg till Karlstad och på den dubbelfiliga motorvägen, på väg ut ur Karlskoga blev det stopp. Kanske hade det hänt en olycka, jag minns inte. Men, bredvid mig i bilkön, satt en gubbe med keps. Han såg otroligt sur och vresig ut och jag tänkte: "Han ser ut som en krokodil!" Krokodilen i bilen, tänkte jag och började fantisera ihop en liten sång. Jag hade både text och musik klart, när jag kom fram till Karlstad och sjöng den entusiastiskt för Kerstin Andeby.

Hon gillade texten, men tyckte inte att melodin var mycket att ha. Och hon hade rätt! Hon gjorde en ny, mycket bättre melodi och det är den som sjungs idag! Hade jag stött på surkarten i bilen igen, så skulle jag ha gett honom en stor kram! För Krokodilen i bilen är en av mina mest spelade sånger. Ibland har det hänt att mina sångtexter dykt upp i helt andra sammanhang än de var skrivna för och på så sätt fått en ny betydelse. Till exempel "Du finns inom mig" från tecknade filmen om Tarzan, har sjungits på bröllop. Och Fraggelsången "Vem tar hand om alla små", sjöng jag när en liten femårig flicka begravdes.

I mitt liv har jag varit förskonad från stora tragedier och katastrofer. Inte för att jag inte känt sorg och varit ledsen, men jag menar olyckor eller våldsamheter. Jag har haft ett bra liv och det allra bästa i mitt liv är Hasse – min stora Kärlek och min bästa kompis. Vi har jobbat ihop, rest oerhört mycket runt i världen och varit nyfikna och tagit vara på vår tid och varandra.

Jag har aldrig varit bra på att planera mitt liv långsiktigt. Jag har tagit dagarna som de kommit och försökt göra mitt bästa för att fylla dem med bra saker. Det har varit mycket jobb och varje årstid i mitt liv har blivit så bra som jag nånsin kunnat önska. Jag har mött fantastiska människor efter vägen. Jag har fått vandra mina egna stigar och varit nära både himmel, skog och hav.

Jag brukar säga att jag vill belöna allt som är gott i livet. Försöka fokusera på det som är bra. Verkligen förstå talesättet att "framrutan på bilen är större än backspeglarna"! Och jag är sannerligen gift med en läromästare. Jag vet ingen människa som är så positiv som Hasse. Ja, nästan på gränsen till irriterande positiv ibland. Han är pigg på allt och är aldrig rädd för att segla ut på okända farvatten. På gott och ont! Han säger alltid att man inte ska ångra det man gjorde – man ska ångra det man INTE gjorde! Och därför blir det rätt mycket gjort i vårt liv!

Jag fick aldrig några egna barn och visst, ibland har jag väl saknat det. Men Hasse - min fina livskamrat har gett mig kärlek i överflöd och jag har fått en stor, härlig familj genom honom. Jag har både fått vara reservmamma och reservmormor! Jag - som var en blyg, lite ensam tjej från landet, utan syskon – har fått världens bästa liv!

Tack till:

Tomas Tillberg, för stödet under hela resan med tillkomsten av boken.

Kent Angergård, för korrekturläsning och stöttning.

Stefan Johansson, för bilder på Monica och Anna-Kerstin.

Emil Malmborg, för bilden på sidan 20.

Oscar Larsson, för bilder på Linnea.

Daniél Tejera, för bilden på baksidan.